101 dibujos
KAWAII
superadorables

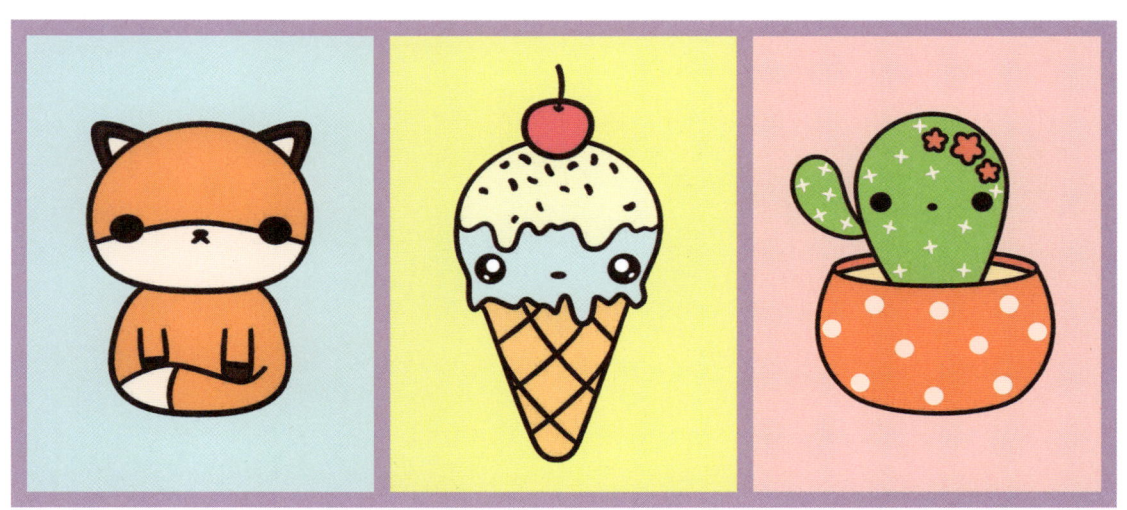

Lauren Bergstrom

Librero

Título original: *101 Super Cute Things to Draw*

© 2024 Librero b.v. (edición española)
www.librero.nl

© 2022 Quarto Publishing Group USA Inc.
Texto e ilustraciones © 2022 Lauren Bergstrom

Producción de la edición española:
Traducción: Míriam Torras González
para Delivering iBooks & Design
Redacción y maquetación:
Delivering iBooks & Design, Barcelona

Distribución exclusiva de la edición española:
Librero IBP S. L.
C/ Paseo de los Olmos, n.º 20
Planta 1.ª, oficina 7
28005 Madrid, España
www.librero-ibp.es

Impreso en China
ISBN: 978-84-1154-054-4

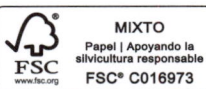

MIXTO
Papel | Apoyando la
silvicultura responsable
FSC® C016973

Se han realizado todos los esfuerzos posibles para garantizar que la información recogida en este libro sea correcta. En caso de error u omisión al consignar los derechos de autor de las imágenes incluidas en la obra, Librero b.v. pide disculpas y se compromete a enmendar la información en futuras ediciones del libro.

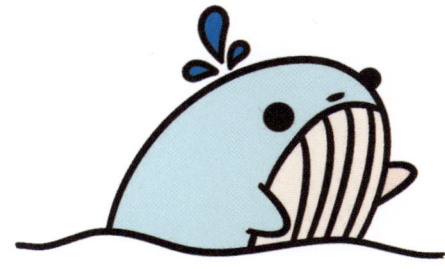

Índice

INTRODUCCIÓN

Crea todo un mundo encantador con *101 dibujos kawaii superadorables*. Date un paseo por un diminuto bosque hecho por ti o vuela entre arcoíris, nubes y estrellas fugaces. Conocerás criaturas reales e imaginarias, todas rebosantes de ternura y personalidad. Verás estantes llenos de simpáticos libros, plantas y objetos de todo tipo, y te alegrarás la vista con deliciosas comidas dulces y saladas, ¡tan monas que ni se te ocurriría comértelas!

Dibujar es una actividad divertida y relajante para gente de cualquier edad, y este libro te enseñará a hacerlo. Contiene lecciones para hacer 101 dibujitos adorables que te inspirarán y darán alas a tu imaginación. Utilízalos como punto de partida para desarrollar tu creatividad. Y no te preocupes por conseguir un resultado perfecto: ¡se trata de disfrutar y sacar a relucir tu propio estilo!

MATERIALES

Para empezar a dibujar, no necesitas nada especial. Simplemente elige los utensilios y los materiales que prefieras y que te permitan trabajar con comodidad. Aquí te doy algunas sugerencias.

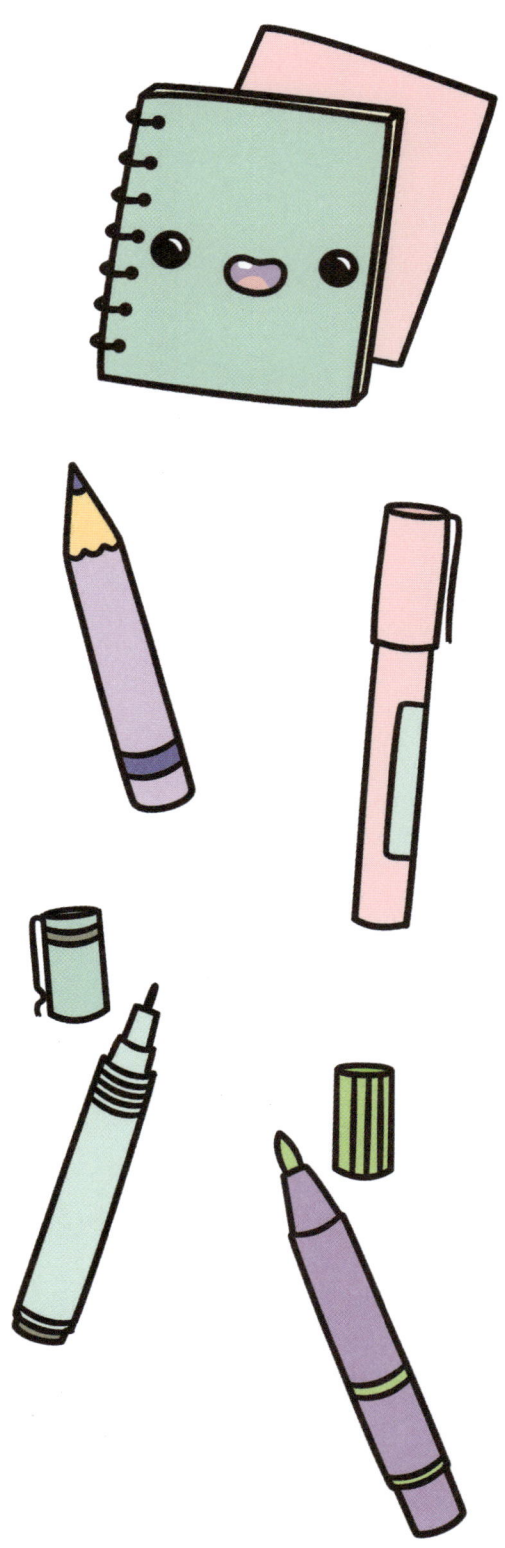

Papel

Las libretas y los cuadernos de dibujo son ideales para llevarte tus dibujos allá donde vayas. Si usas rotuladores, elige papeles gruesos para que las tintas no traspasen.

Bolígrafos de gel

Los bolígrafos de gel sirven para trazar contornos y pintar áreas pequeñas. Los hay de muchos colores, incluso fosforescentes, blancos y metálicos, por lo que pueden emplearse para añadir reflejos y destellos.

Lápices de colores

Utilízalos para pintar tus dibujos. Puedes hacer capas de diferentes colores para obtener tonos más interesantes. Los lápices de colores de buena calidad son de tacto agradable y producen colores más vivos.

Rotuladores de punta fina

Estos rotuladores de tinta pigmentada tienen la punta muy fina, por lo que van muy bien para trazar contornos delgados y detalles pequeños.

Rotuladores de pincel

Estos rotuladores tienen una punta suave que se parece a un pincel y los puedes utilizar para colorear tus dibujos. Con ellos, podrás mezclar diferentes tonalidades y conseguir así efectos interesantes.

CONSEJOS Y TÉCNICAS DE DIBUJO

Cada uno tiene su propio estilo de dibujo, así que no dudes en experimentar y hacer diferentes pruebas. Incluso puedes dibujar lo mismo de distintas maneras para ver qué resultado te gusta más. Por ejemplo, puedes probar lo siguiente.

Utilizar diferentes tipos de líneas

No tienes por qué limitarte a trazar tu dibujo con líneas negras. También puedes hacerlas de color marrón, azul, rojo o verde. Asimismo, puedes variar su grosor y así comprobar cuál prefieres.

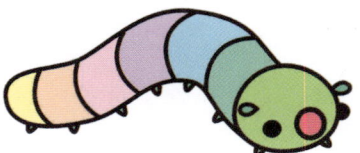
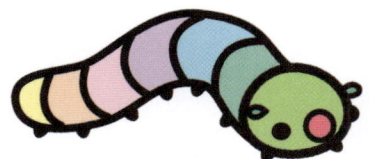

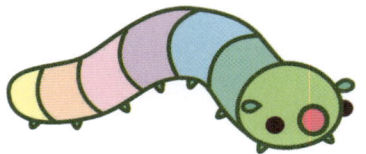
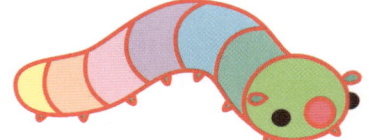

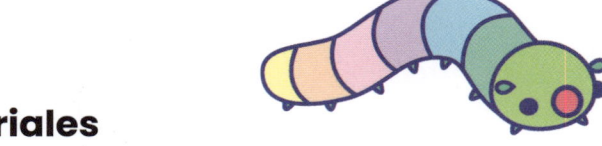
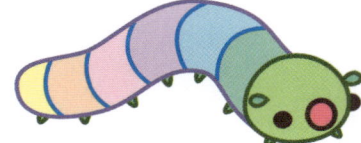

Combinar materiales y utensilios

Prueba a sombrear con lápices de colores encima de la capa pintada con rotuladores de pincel (como en el pulpo de la izquierda) o haz detalles en bolígrafo de gel sobre la capa de lápices de colores (como en el pulpo de la derecha). ¡Diferentes materiales pueden crear efectos muy distintos!

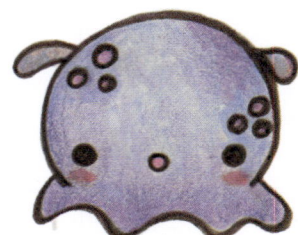
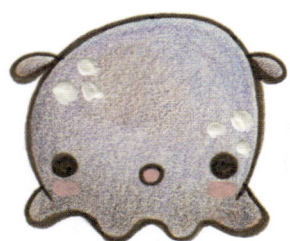

Añadir pintura

Las acuarelas y las témperas
se pueden usar para pintar
áreas grandes o para agregar
detalles. Las témperas son
especialmente ideales para
hacer detalles de tonos claros
encima de colores más oscuros.

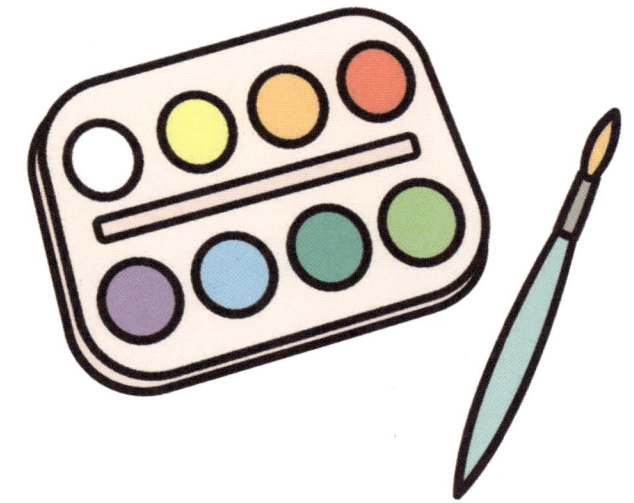

Experimentar
con las caras

Las caras aportan el carácter
y la personalidad a tus dibujos,
así que prueba a reproducir
diferentes expresiones faciales.
En esta tabla encontrarás
muchas caras para practicar.

EL COLOR

El círculo cromático muestra la teoría básica del color de una manera visual. El hecho de comprender las relaciones entre los colores te ayudará a elegirlos a la hora de dar vida a tus dibujos.

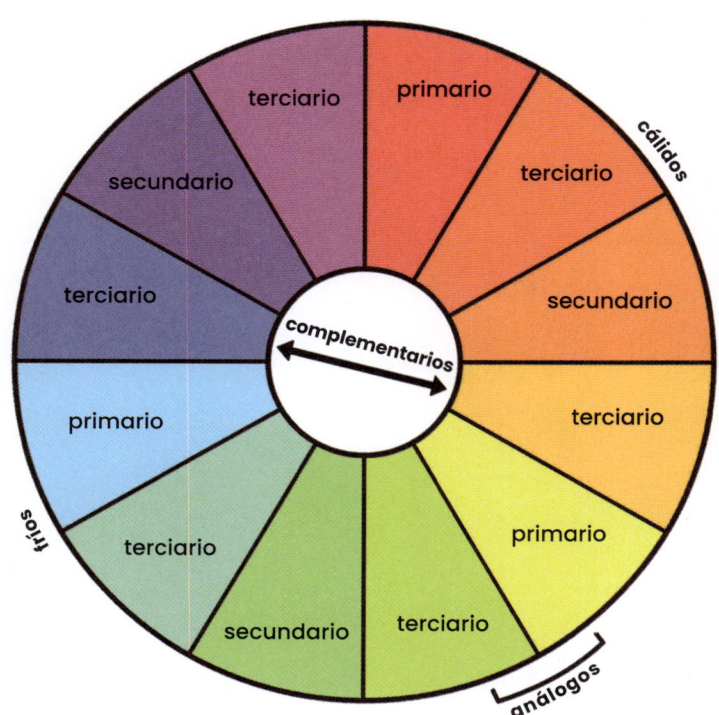

Colores primarios

Son el rojo, el amarillo y el azul. No se pueden crear mezclando otros colores.

Colores secundarios

Son el naranja, el verde y el morado. Se hacen mezclando dos colores primarios.

Colores terciarios

Se obtienen al mezclar un color primario y uno secundario. Son el rojo anaranjado, el naranja amarillento, el verde amarillento, el verde azulado, el morado azulado y el morado rojizo.

Temperatura del color

El rojo, el naranja y el amarillo son colores «cálidos». El azul, el verde y el morado, «fríos».

Colores complementarios

Los colores complementarios son aquellos situados en lados opuestos del círculo cromático, como el rojo y el verde o el naranja y el azul. Estos colores hacen que el opuesto destaque y, al combinarlos, se obtiene un resultado llamativo y atrevido.

Colores análogos

Los colores análogos son aquellos situados uno al lado del otro en el círculo cromático, como el verde y el verde azulado o el amarillo y el verde amarillento. Estos colores dan armonía cuando se utilizan juntos y también sirven para crear degradados.

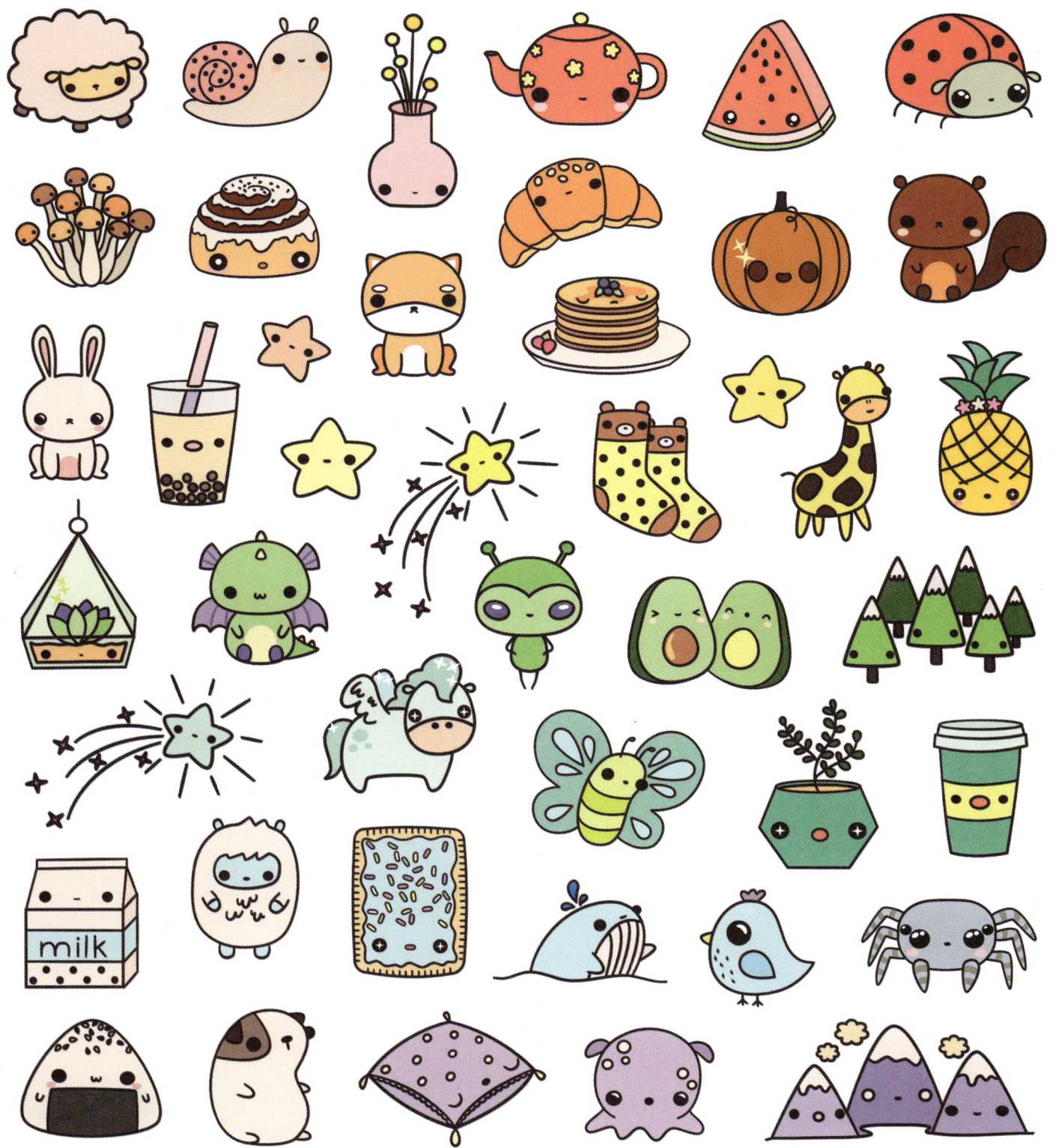

TEXTURAS Y ESTAMPADOS

Las texturas y los estampados darán un toque interesante a tus dibujos. Haz pruebas con diferentes tipos de trazos y manchas. Te muestro algunos ejemplos con los que comenzar.

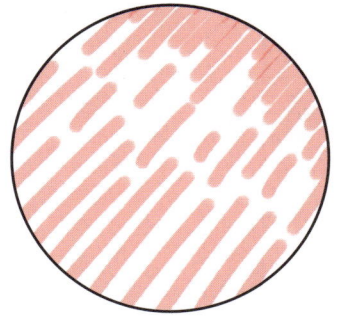

Trama

Traza muchas líneas en la misma dirección. Estas líneas pueden ser cortas o largas y estar juntas o separadas.

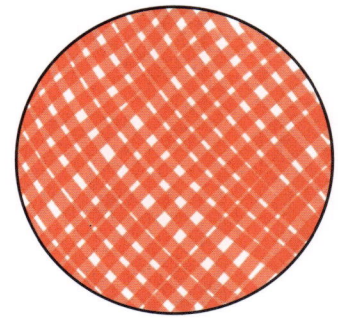

Trama cruzada

Traza muchas líneas en direcciones opuestas. Como en la trama anterior, las líneas pueden ser cortas o largas y estar juntas o separadas.

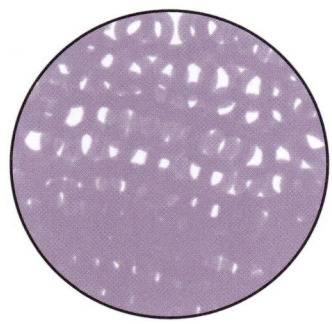

Garabateo

Llena las áreas de color con pequeños garabatos circulares. Cuanto más densos sean, más oscuros quedarán los colores.

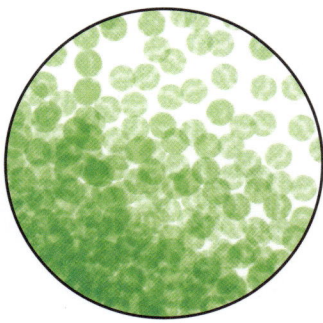

Punteado

Llena un área con muchos puntitos. Hazlos más juntos en las partes más oscuras.

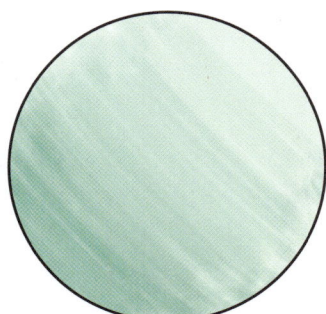

Degradado

En un área, haz un sombreado que pase de oscuro a claro añadiendo más capas en la zona más oscura.

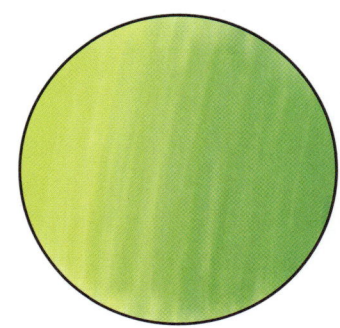

Difuminado

Fusiona dos colores haciendo dos áreas degradadas que se solapen en el centro.

En lo referente a los estampados, hay una infinidad de posibilidades. Aquí tienes algunas bonitas ideas.

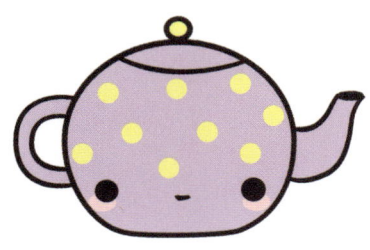
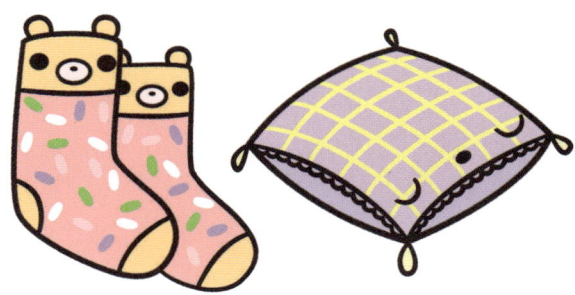

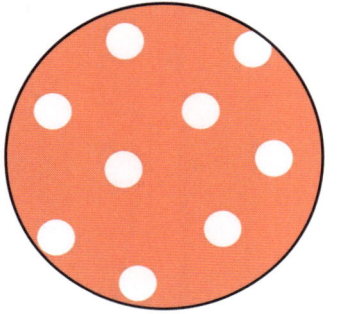

Lunares

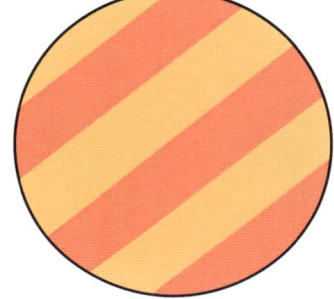

Rayas gruesas

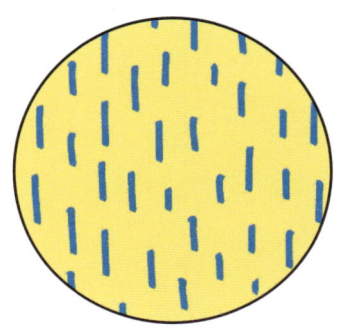

Gotas de lluvia

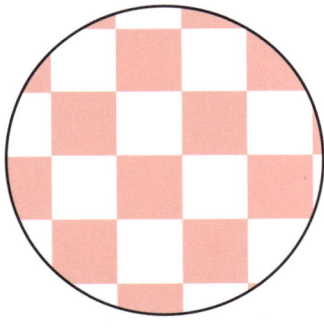

Cuadros

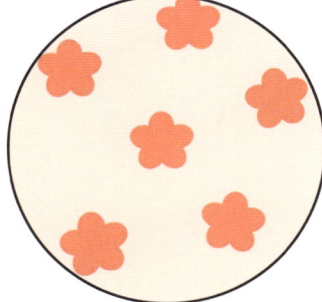

Flores

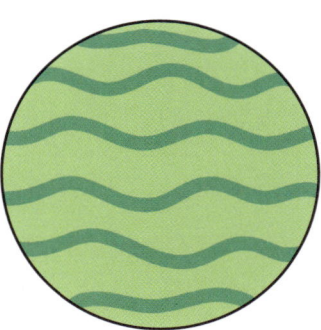

Líneas onduladas

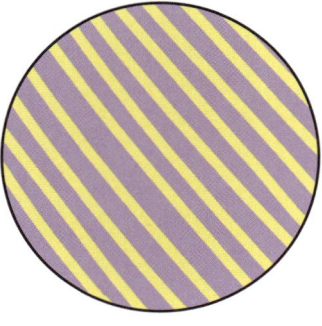

Rayas finas

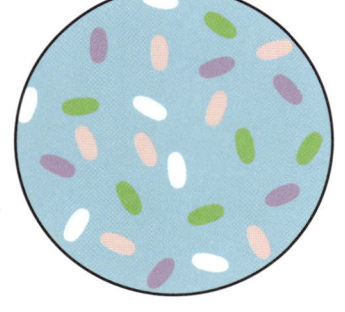

Confeti

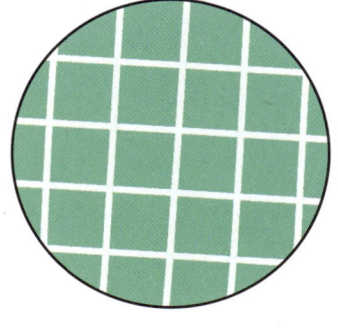

Cuadrícula

OBJETOS COTIDIANOS

1. Libros

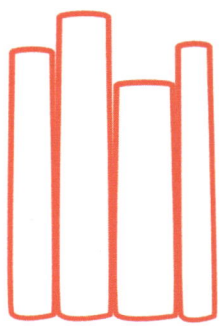

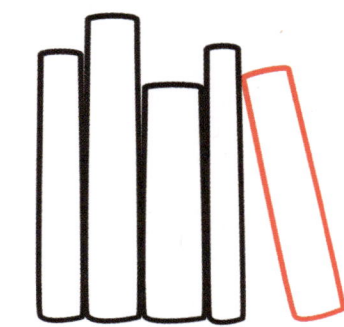

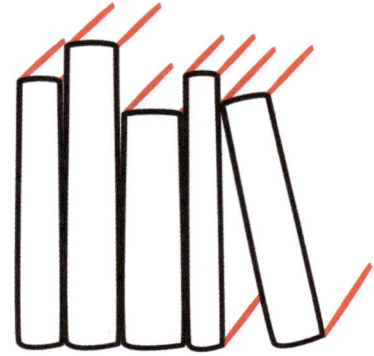

1. Primero dibuja varios rectángulos alargados colocados en vertical, uno al lado del otro.

2. Añade otro rectángulo inclinado en uno de los extremos.

3. Traza líneas inclinadas para formar las partes superior e inferior de los libros.

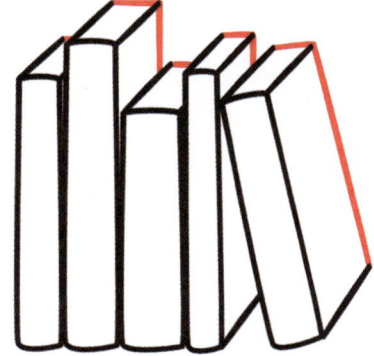

4. Haz el borde trasero de los libros.

5. Dibújales algunos detalles adorables, como flores, corazones, estrellas y caras.

6. Pinta los libros utilizando un tono blanco crudo en las páginas y bonitos colores en las cubiertas.

2. Jarrón

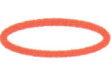

1. Primero traza la parte superior del jarrón con un pequeño óvalo aplanado.

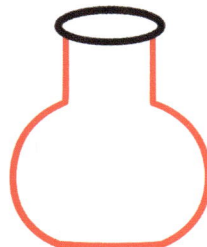

2. Dibuja el resto del jarrón con la forma que desees.

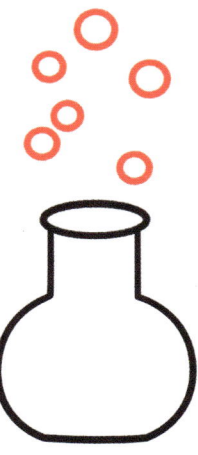

3. Añade varios círculos de diferentes tamaños repartidos por encima del jarrón.

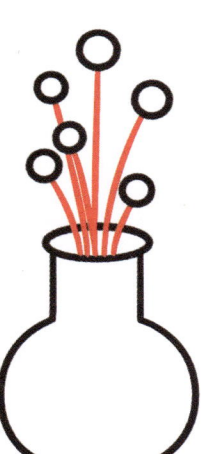

4. Haz las líneas curvas de los tallos.

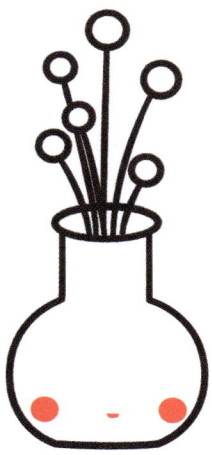

5. Decora el jarrón con una carita.

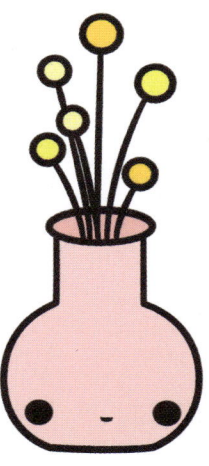

6. Colorea el jarrón y las flores.

3. Taza de té

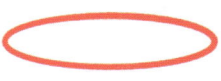

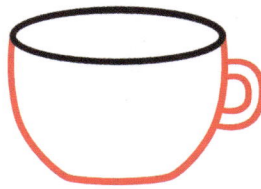

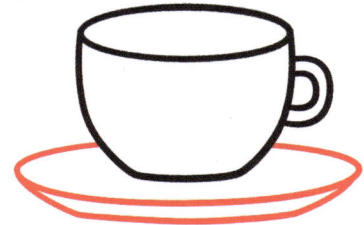

1. Primero traza la parte superior de la taza con un óvalo aplanado.

2. Dibuja el resto de la taza y, a un lado, dos líneas curvas pequeñas para formar el asa.

3. Haz el platito dibujando otro óvalo aplanado con una línea curva debajo.

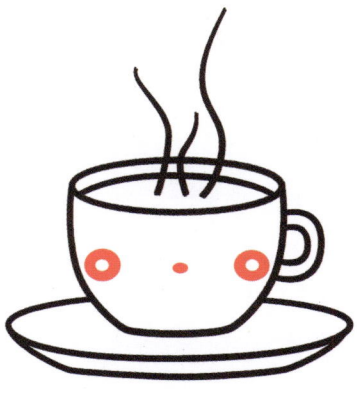

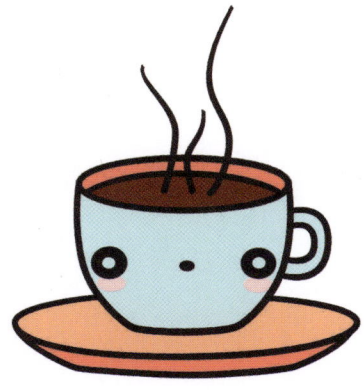

4. Traza una línea cerca del borde superior para crear el líquido y luego añade las líneas onduladas del vapor.

5. Agrega una cara adorable en la parte delantera de la taza.

6. Colorea la taza y el platito, pintando las mejillas sonrojadas de color rosa claro.

4. Tetera

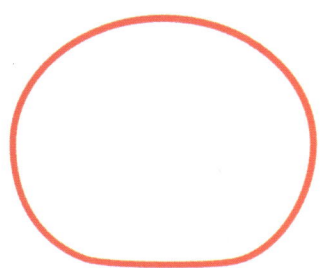

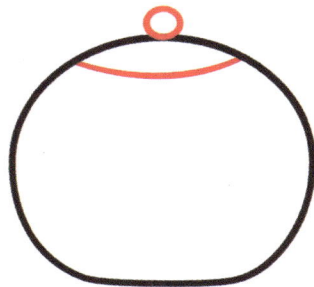

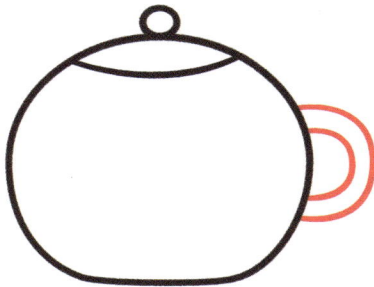

1. Primero haz una forma redondeada.

2. Para añadir la tapadera, dibuja una línea curva en la parte superior de la forma y luego un círculo pequeño encima.

3. Traza dos líneas curvas a un lado para formar el asa.

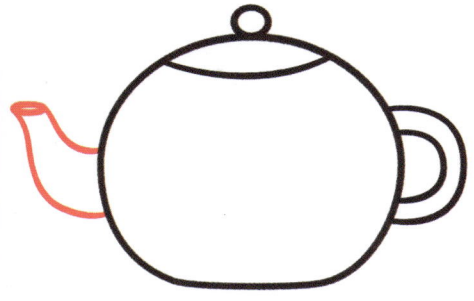

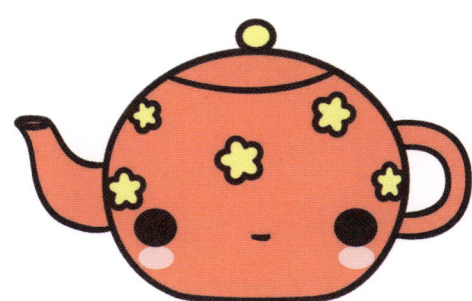

4. Dibuja el pico de la tetera.

5. En el cuerpo de la tetera, añade un bonito estampado floreado y una cara.

6. Colorea la tetera, pintando las mejillas sonrojadas de color rosa claro.

5. Tarro de galletas

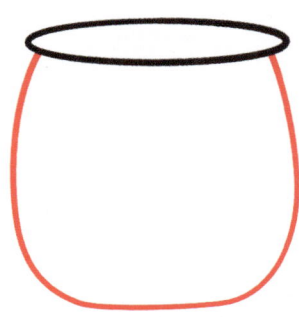

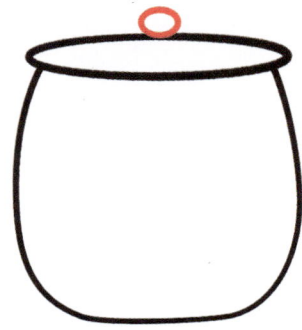

1. Primero traza la tapadera con un óvalo aplanado.

2. Dibuja el tarro debajo de la tapadera.

3. Agrega un circulito encima de la tapadera.

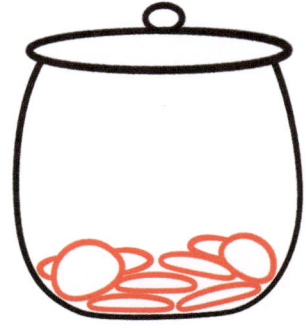

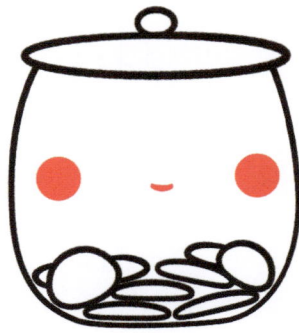

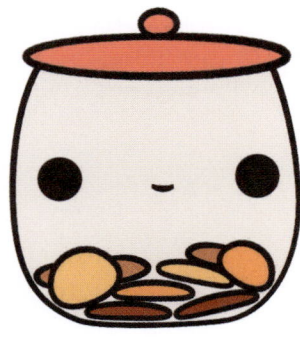

4. Dibuja algunas galletas en el fondo del tarro.

5. Añade una cara adorable en la parte delantera del tarro.

6. Colorea el tarro de galletas pintando el vidrio de un tono claro.

6. Cartón de leche

1. Primero crea la parte delantera del cartón con un rectángulo ancho.

2. A un lado, añade dos líneas inclinadas y una recta vertical.

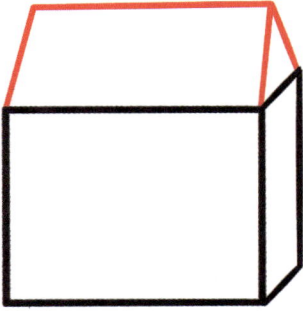

3. Dibuja la parte superior del cartón en forma de tejado.

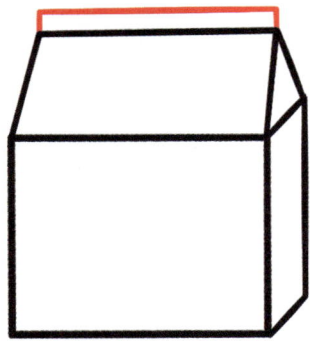

4. Encima de todo, agrega una pequeña pestaña.

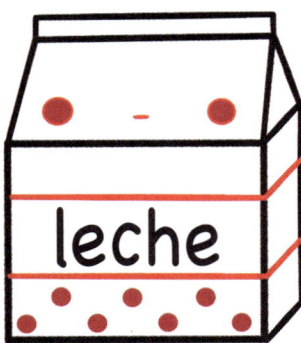

5. Decora el cartón con una etiqueta que ponga «leche», un estampado de lunares y una carita.

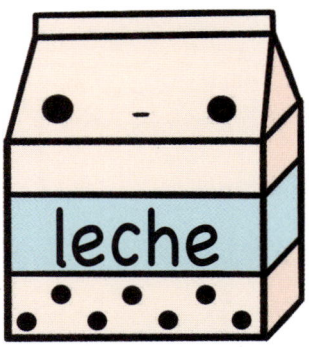

6. Colorea el cartón de leche.

7. Café para llevar

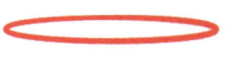

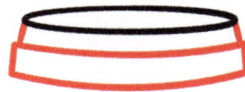

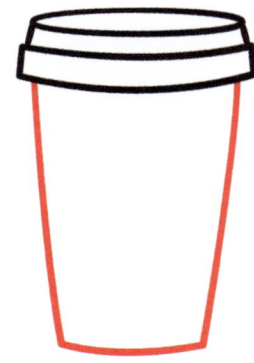

1. Primero traza la parte superior de la tapa con un pequeño óvalo aplanado.

2. Añade el borde de la tapa justo debajo del óvalo.

3. Dibuja la forma del vaso debajo de la tapa.

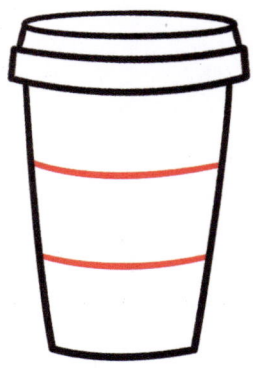

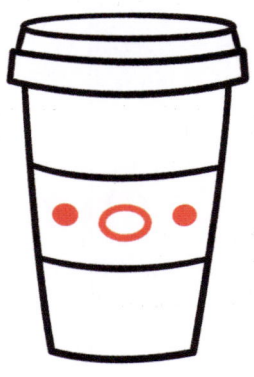

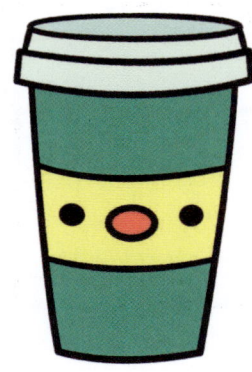

4. Con dos líneas curvas, crea la funda protectora del vaso.

5. Agrega los ojos y la simpática nariz.

6. Colorea el vaso de café para llevar.

8. Cojín

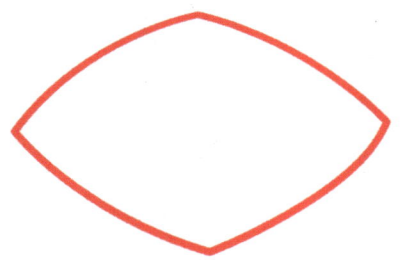

1. Primero dibuja un rombo aplanado con los lados curvos.

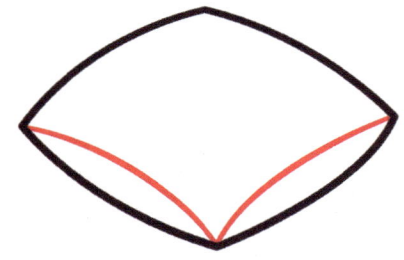

2. Añade dos líneas curvas cerca de la parte inferior para crear los bordes del cojín.

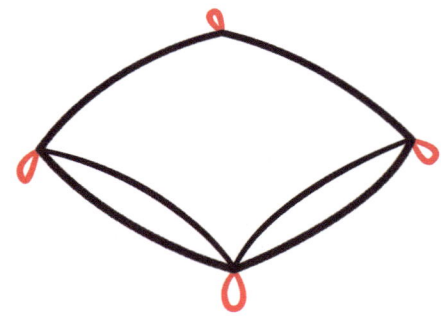

3. Dibuja una pequeña borla en cada esquina.

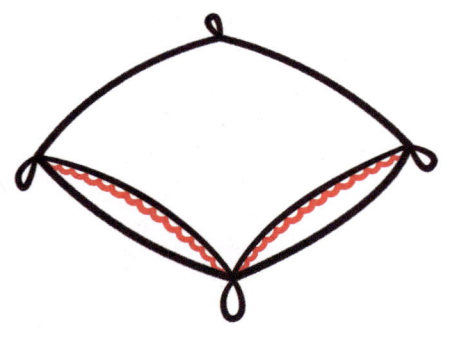

4. Haz un ribete decorativo a lo largo de los bordes delanteros.

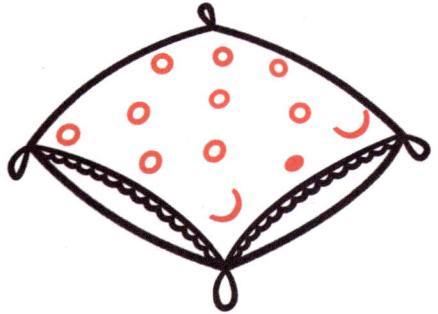

5. En la parte de encima, agrega un estampado de lunares y una cara dormida.

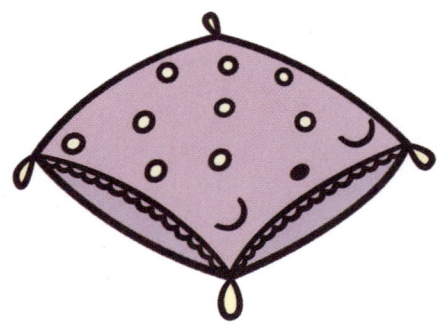

6. Colorea el cojín.

9. Calcetines

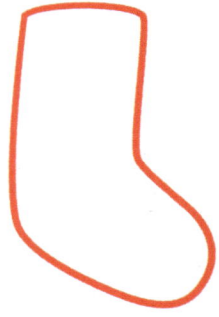

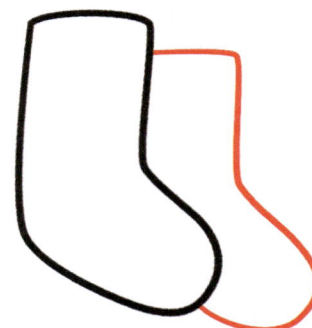

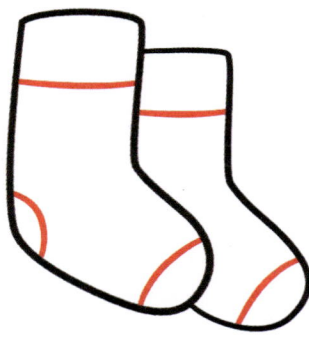

1. Primero dibuja la forma de un calcetín.

2. Añade el otro calcetín detrás del primero.

3. Traza el borde de la parte superior de los calcetines y las líneas curvas de los dedos y el talón.

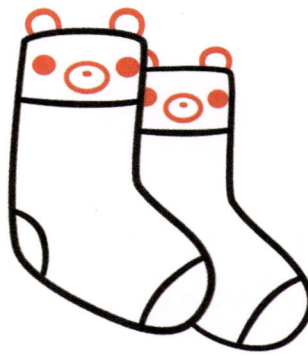

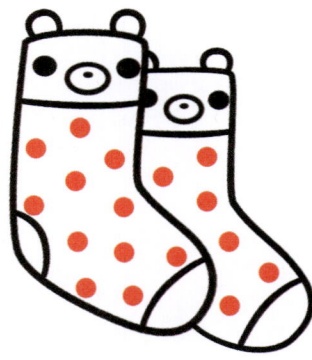

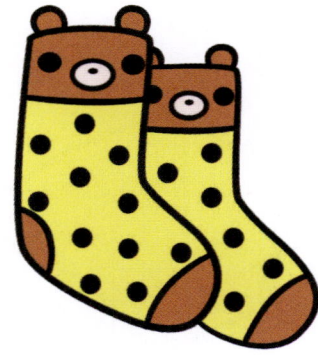

4. En la parte superior de los calcetines, añade caras y orejas de oso.

5. Decora los calcetines con un bonito estampado de lunares.

6. Colorea los calcetines utilizando un tono más oscuro en los dedos, los talones y el borde superior.

10. Gorrito

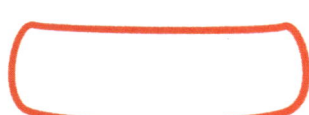

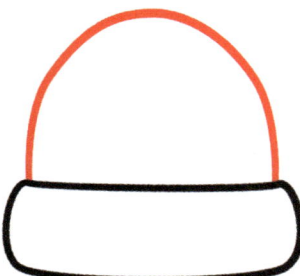

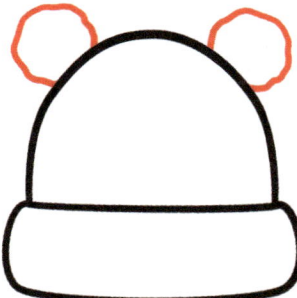

1. Primero crea el ancho borde del gorro con un rectángulo redondeado.

2. Encima del borde, añade una cúpula.

3. En la parte superior, dibuja dos pompones.

4. Decóralo con un bonito estampado de corazoncitos.

5. Añade una cara en el borde.

6. Colorea el cálido y suave gorrito.

11. Auriculares

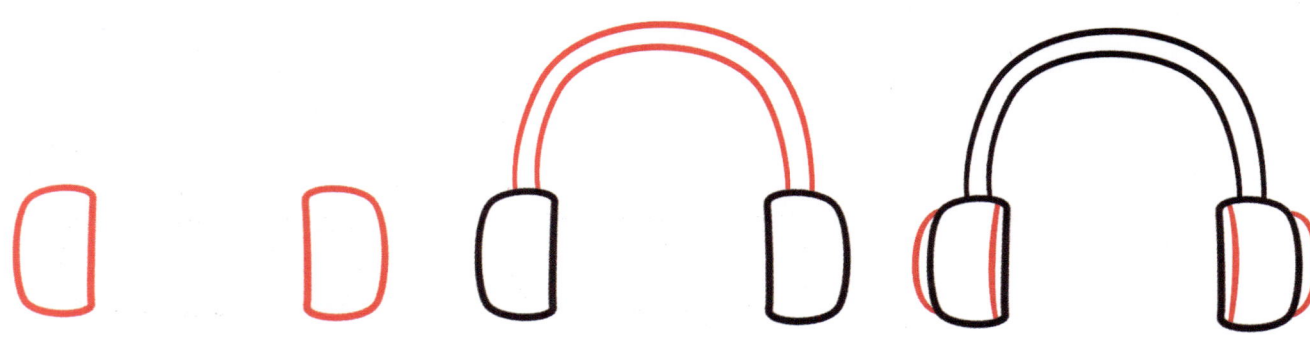

1. Haz los dos auriculares con dos rectángulos redondeados.

2. Traza la banda de la cabeza mediante dos líneas curvas.

3. Dibuja algunos detalles en los dos auriculares.

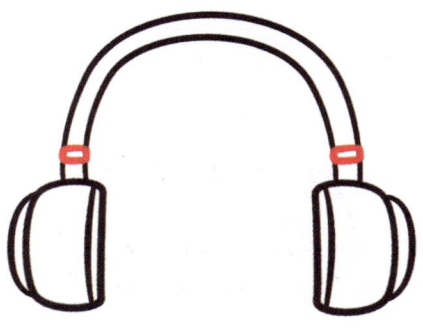
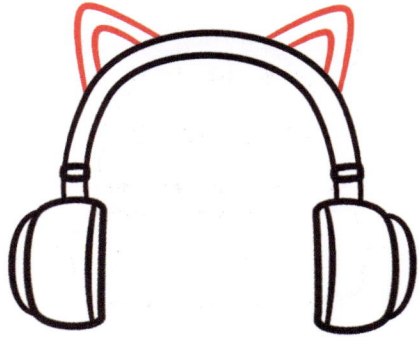
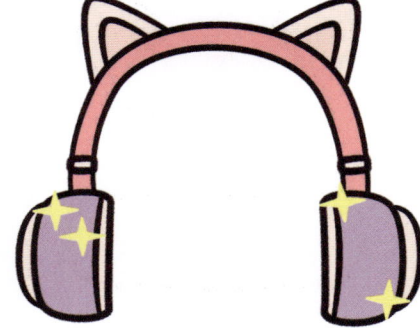

4. Añade también algunos detalles en la banda.

5. Sobre la banda, dibuja unas graciosas orejas de gato.

6. Pinta los auriculares en tonos de rosa y lila.

12. Mochila

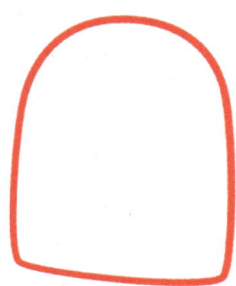

1. Primero traza la parte delantera de la mochila.

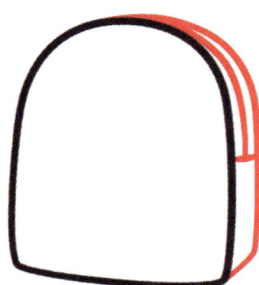

2. Dibuja el lateral de la mochila, incluida la línea de la cremallera.

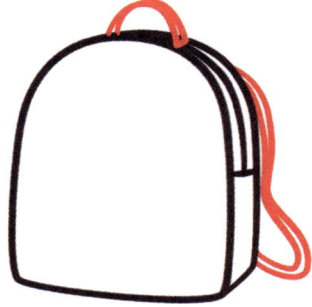

3. Añade el asa en la parte superior y, detrás, una de las correas.

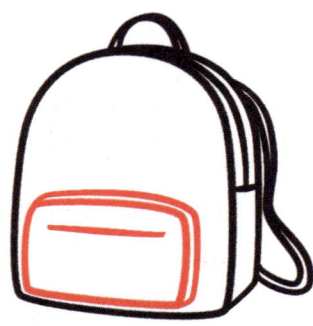

4. Crea el bolsillo delantero mediante un rectángulo redondeado y agrega la línea de la cremallera.

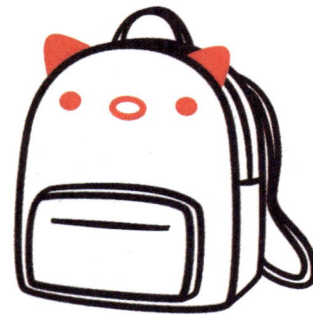

5. Dibuja las orejas y la simpática carita.

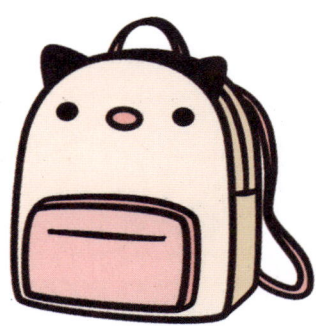

6. Colorea la mochila.

13. Cámara de fotos

1. Dibuja un rectángulo con las esquinas redondeadas.

2. Haz el objetivo con dos círculos y luego añade las formas irregulares de los reflejos.

3. Traza dos líneas rectas en el cuerpo de la cámara y decórala con dos flores.

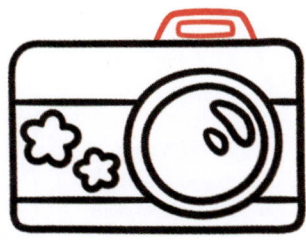

4. Añade la pequeña pieza del flash encima del objetivo.

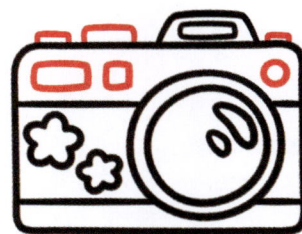

5. Dibuja más botones y sensores.

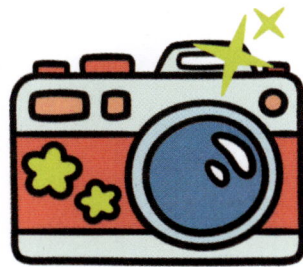

6. Colorea la cámara de fotos.

14. Cesta de pícnic

1. Primero dibuja un rectángulo redondeado sin la línea superior.

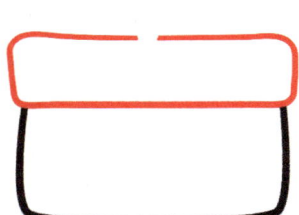

2. Crea el borde de la cesta con una forma rectangular, dejando un pequeño espacio abierto para añadir el asa.

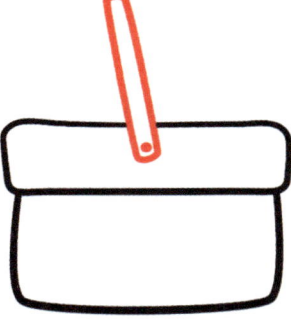

3. Dibuja el asa en el centro de la cesta.

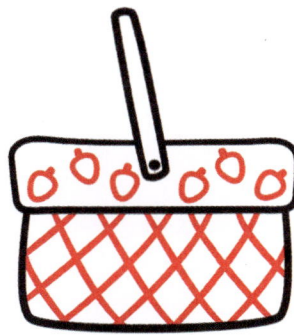

4. Para crear la textura y la decoración, traza líneas perpendiculares en la cesta y un estampado con fresas en el borde.

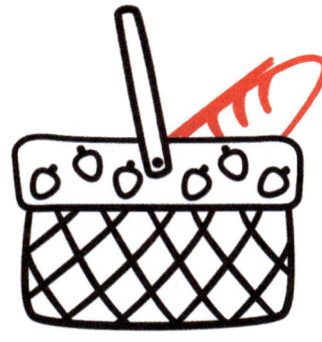

5. Haz la tapa con un línea recta inclinada y luego dibuja la barra de pan que sobresale de la cesta.

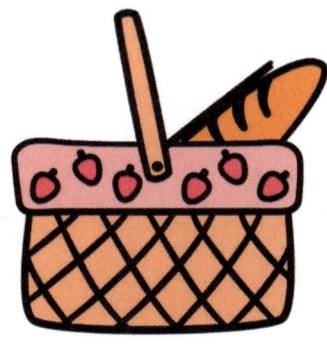

6. Colorea la cesta de pícnic y el pan.

15. Paraguas

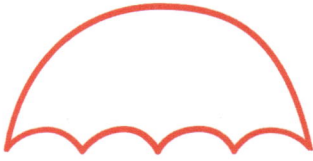

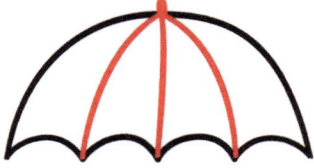

1. Primero dibuja una cúpula con una base festoneada.

2. Añade un línea corta en la cúspide y varias líneas curvas para dividir el paraguas en segmentos.

3. Traza una línea recta justo debajo, con un mango en forma de «J» gruesa.

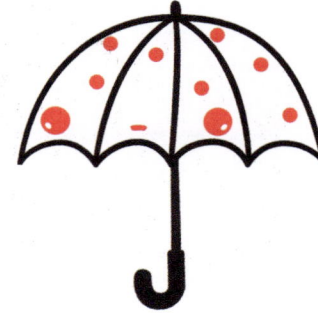

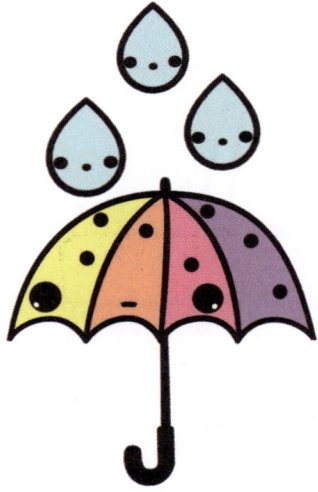

4. Decora el paraguas con lunares y una cara.

5. Encima, añade tres grandes gotas de lluvia.

6. Pinta el paraguas con un color diferente en cada segmento para que quede más interesante.

16. Casita para pájaros

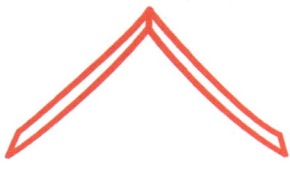

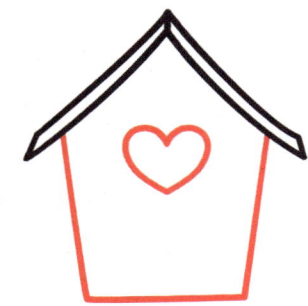

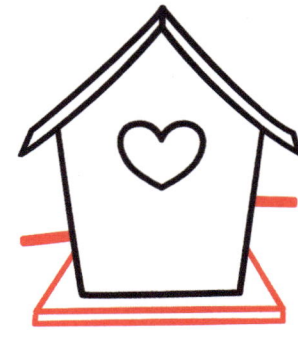

1. Primero traza el tejado triangular curvado.

2. Añade la parte de delante de la casita con un agujero en forma de corazón.

3. Dibuja la base de la casita para pájaros y una varilla a cada lado.

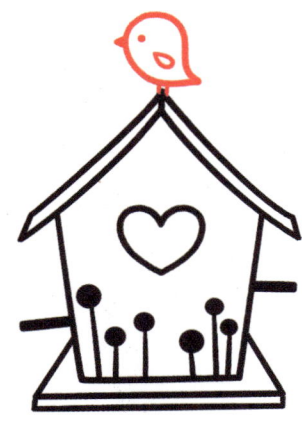

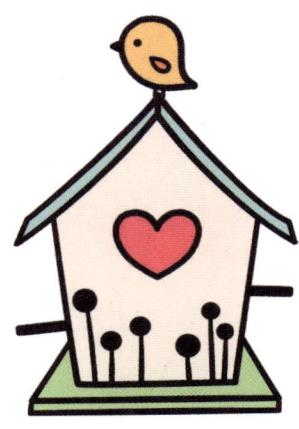

4. Decórala con unas bonitas flores con sus tallos.

5. Dibuja un pajarillo en lo alto.

6. Colorea la casita. Pinta el agujero-corazón de un color más oscuro.

17. Globos

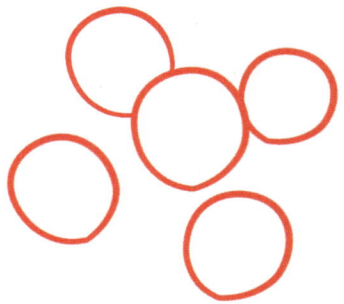

1. Primero dibuja algunos óvalos que varíen un poco de tamaño.

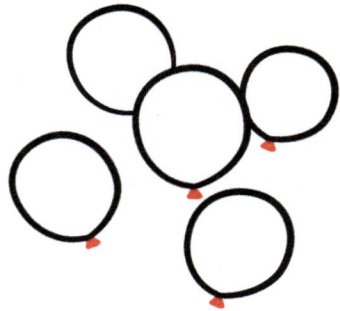

2. Añade un pequeño triángulo en la base de cada óvalo.

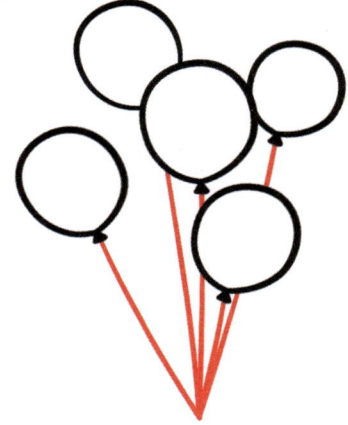

3. Haz las cuerdas trazando líneas rectas.

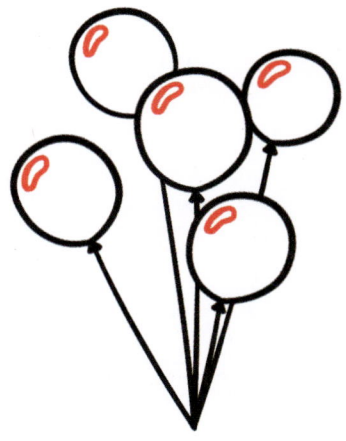

4. En el lado izquierdo de cada globo, dibuja la forma del reflejo.

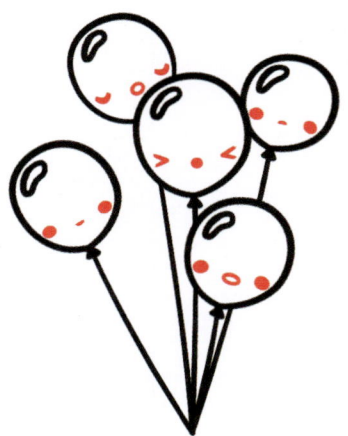

5. Dibuja una carita adorable en cada globo. Prueba a hacerles diferentes expresiones.

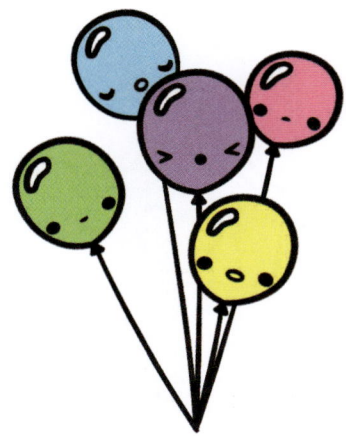

6. Pinta los globos de diferentes colores vivos.

18. Farolillo

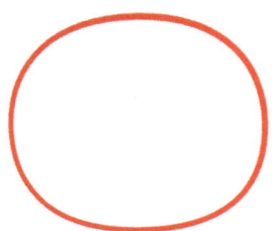

1. Primero traza el cuerpo del farolillo con un óvalo ancho.

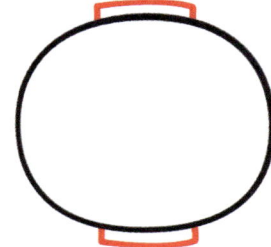

2. Dibuja una forma rectangular en la parte superior y otra en la inferior.

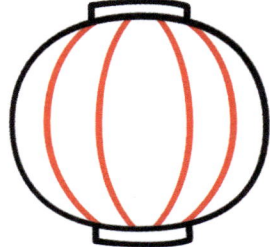

3. Añade varias líneas curvas para dividir el farolillo en segmentos.

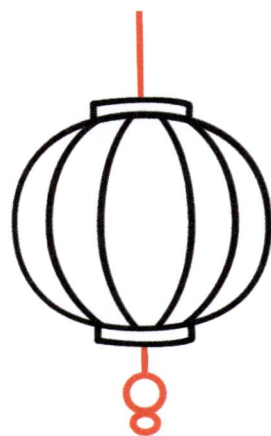

4. Haz una línea vertical que atraviese el farolillo por el centro.

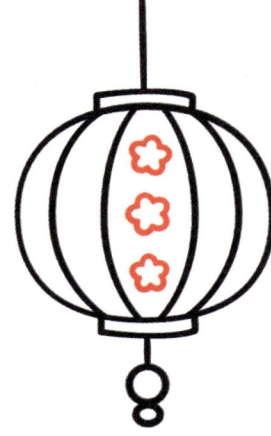

5. Decora la parte delantera.

6. Colorea el farolillo. Usa un color diferente en cada segmento para que quede más interesante.

19. Casa de hadas

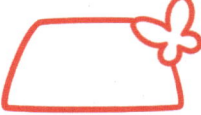

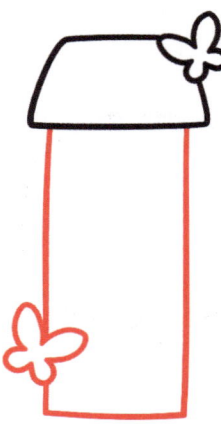

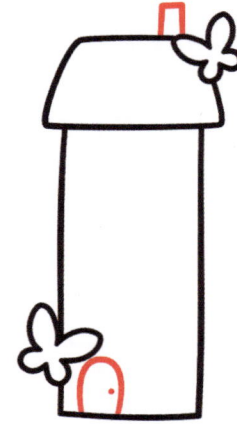

1. Dibuja el tejado con un trapezoide redondeado y una mariposa en una esquina.

2. Debajo, añade un rectángulo alto con otra mariposa cerca de la base.

3. Agrega la chimenea y la puertecita de entrada.

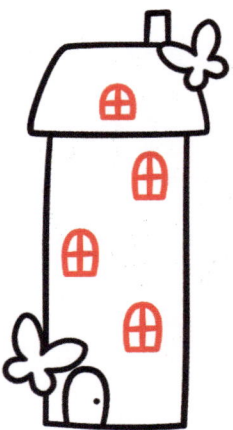

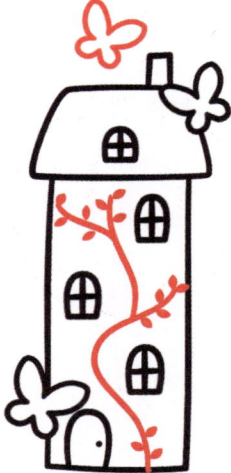

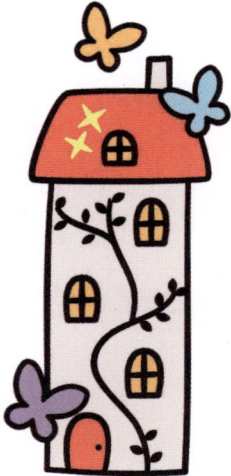

4. Dibuja varias ventanas arqueadas en la fachada y el tejado.

5. Añade una planta con hojas que trepe por la fachada.

6. Colorea la casa de hadas a tu gusto.

20. Terrario

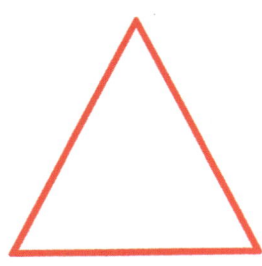

1. Primero traza un triángulo para crear la parte delantera.

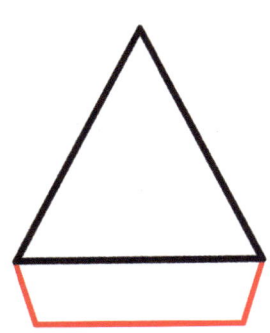

2. Debajo del triángulo, haz una base.

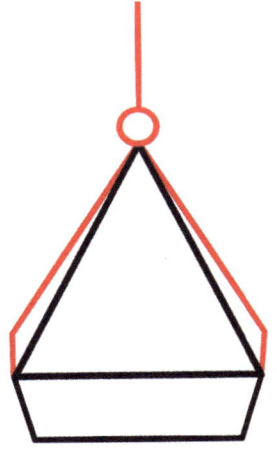

3. Añade unas líneas inclinadas a los lados, un círculo en la punta y una línea recta encima de todo.

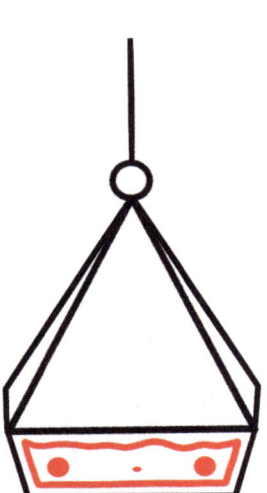

4. En la base, dibuja la tierra con una carita.

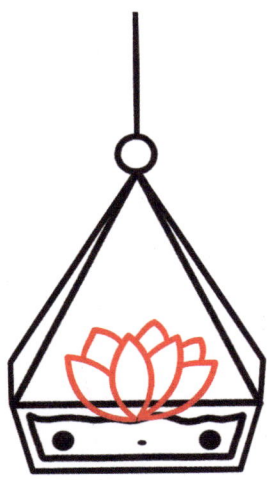

5. Agrega una planta suculenta dentro del terrario.

6. Pinta el dibujo. Utiliza un tono verde claro para colorear el vidrio del terrario.

21. Bubble tea

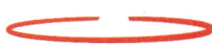

1. Primero dibuja un óvalo muy aplanado con una pequeña abertura en la parte superior.

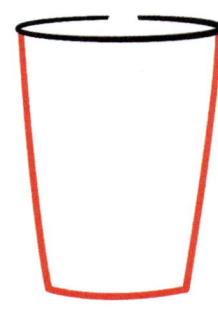

2. Debajo del óvalo, añade la forma del vaso.

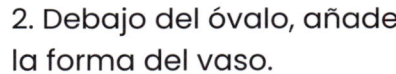

3. Haz las bolas de tapioca con pequeños círculos y traza una línea curva cerca del borde superior.

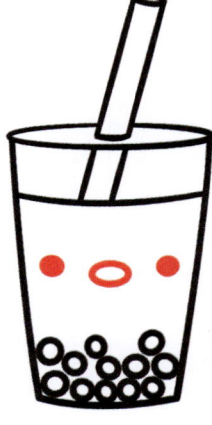

4. Dibuja la pajita con líneas rectas y un óvalo diminuto en el extremo superior.

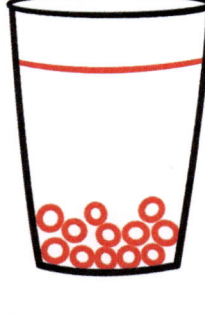

5. Añade una carita en la parte delantera del vaso.

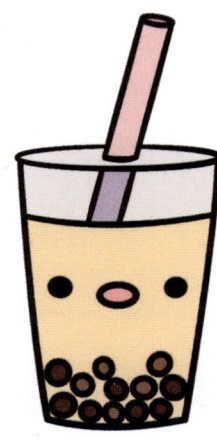

6. Colorea el bubble tea.

22. Helado

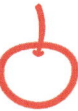

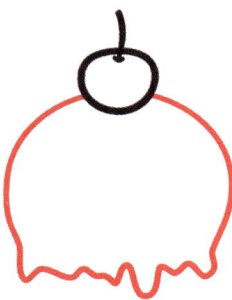

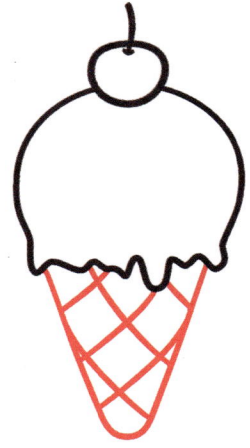

1. Primero traza el círculo de la cereza con su tallo.

2. Debajo de la cereza, dibuja una bola de helado medio derretida.

3. Debajo del helado, haz una «V» redondeada y agrega las líneas para reproducir la textura de la galleta.

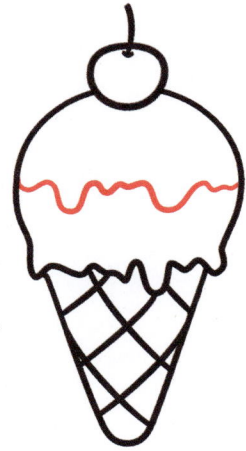

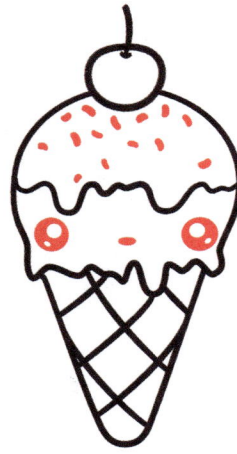

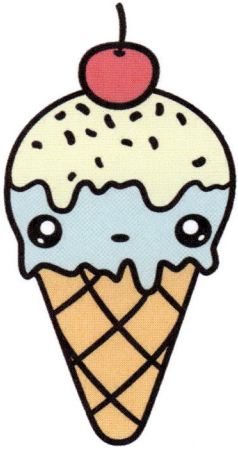

4. Dibuja una línea ondulada en el medio de la bola de helado.

5. En la mitad superior, añade el confeti y, en la inferior, dibuja la cara.

6. Colorea el helado.

23. Gofre

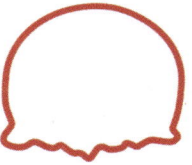

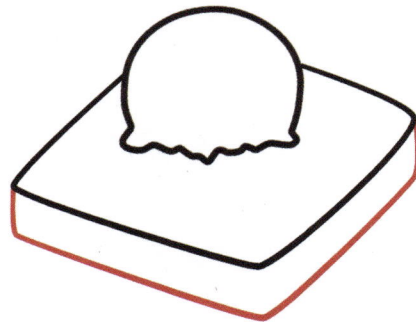

1. Primero dibuja una forma redondeada con una base ondulada. Esto podría ser mantequilla, nata montada o helado.

2. Añade un rombo aplanado con las esquinas redondeadas.

3. Traza unas líneas debajo del rombo para crear los lados del gofre.

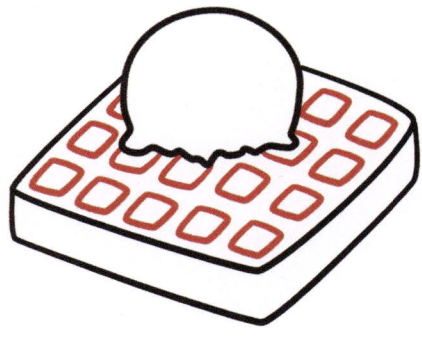

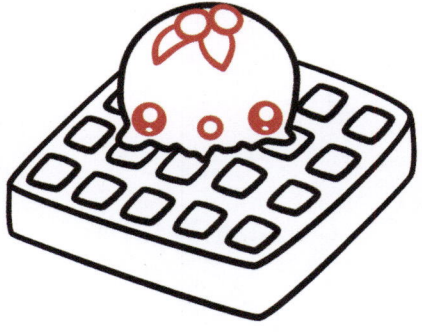

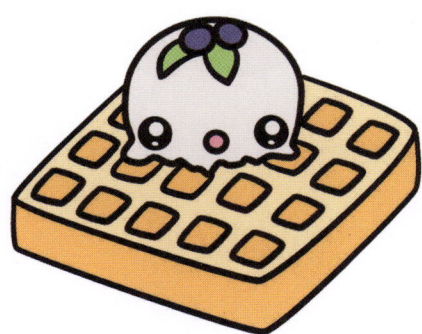

4. Agrega una cuadrícula de pequeños cuadrados en la parte superior del gofre.

5. En la forma redondeada, dibuja una cara, bayas y hojitas de menta.

6. Colorea el gofre. ¡Qué rico!

24. Pila de tortitas

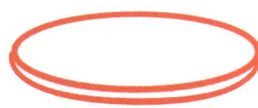

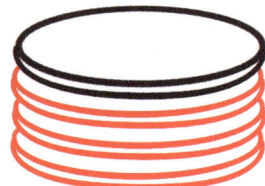

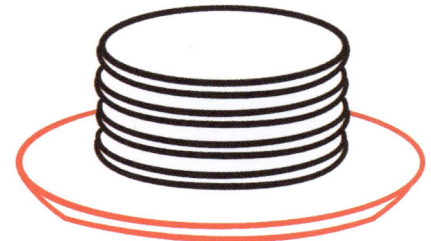

1. Primero crea la tortita superior dibujando un óvalo aplanado con una línea curva debajo.

2. Termina de dibujar la pila trazando más líneas curvas debajo de la primera tortita.

3. Para formar el plato, haz un óvalo aplanado más grande con una línea curva debajo.

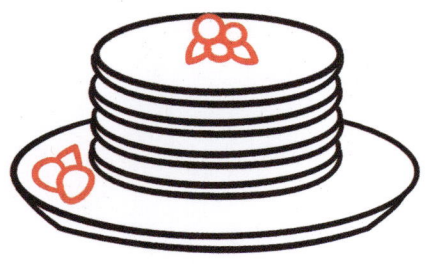

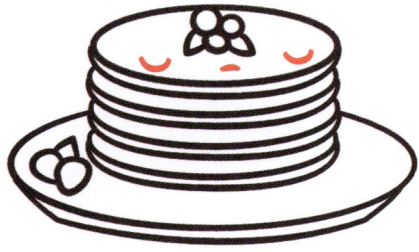

4. Decora las tortitas y el plato con bayas.

5. Sobre la tortita superior, dibuja una carita dormida.

6. Colorea la pila de tortitas.

25. Rollo de canela

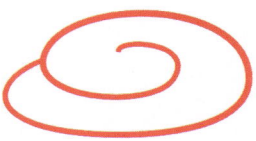

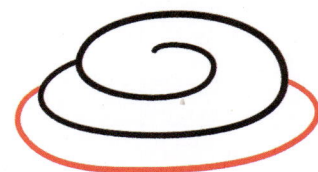

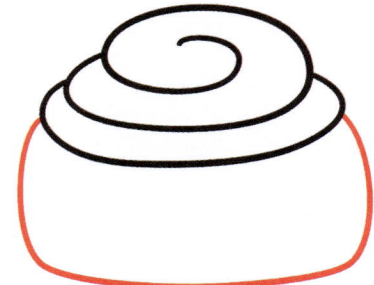

1. Primero crea la parte superior del rollo trazando una espiral.

2. Añade una línea curva justo debajo.

3. Dibuja el resto del rollo de canela.

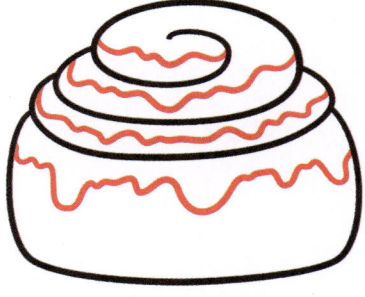

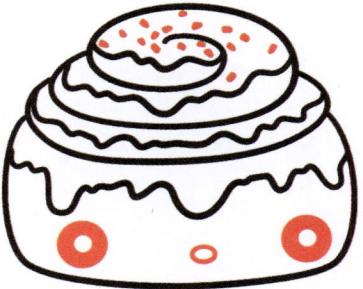

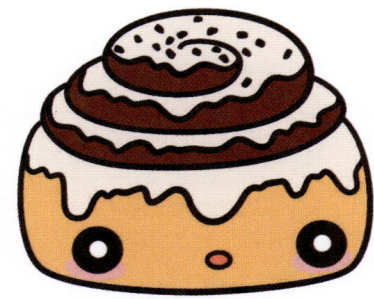

4. Haz líneas onduladas por encima para crear el glaseado.

5. Dibuja una cara adorable en la base y añade confeti por encima.

6. Colorea el delicioso rollo de canela.

26. Rosquilla

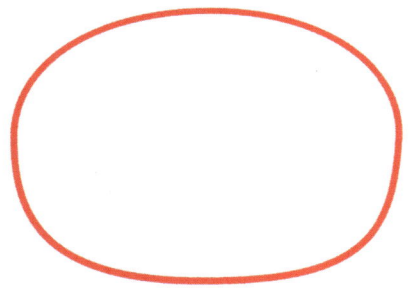

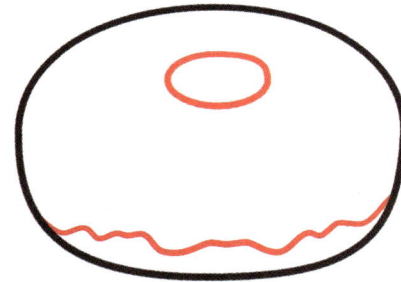

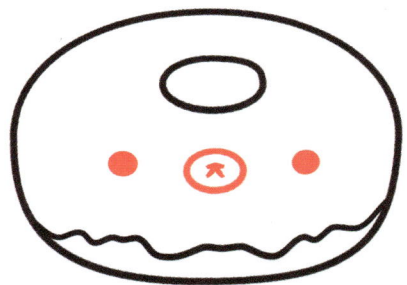

1. Primero dibuja una forma redondeada.

2. Haz el agujero trazando un pequeño óvalo cerca del borde superior. Añade una línea ondulada para el glaseado cerca del borde inferior.

3. Dibuja los dos ojos y el pequeño hocico en el centro de la rosquilla.

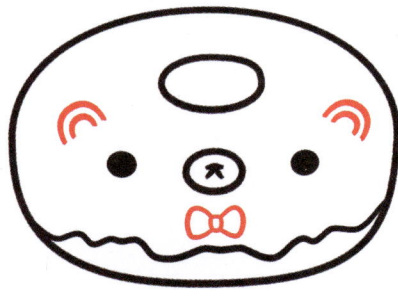

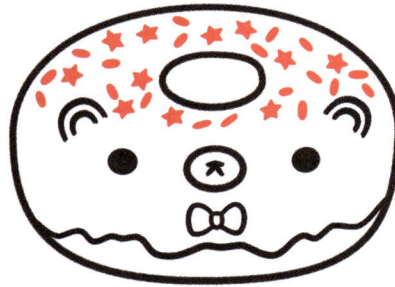

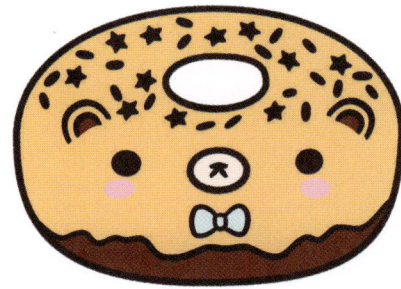

4. Agrega las dos orejas de oso y una adorable pajarita.

5. Decora la parte superior de la rosquilla con confeti y estrellitas.

6. Colorea la rosquilla. Pinta las mejillas de color rosa claro.

27. Tarta

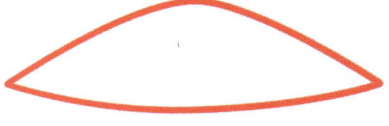

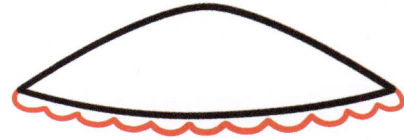

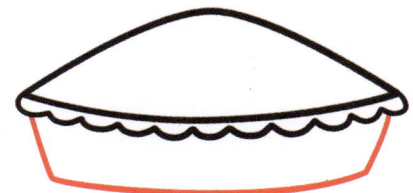

1. Primero crea la parte superior de la tarta trazando una especie de montículo.

2. Debajo, agrega un borde festoneado.

3. Dibuja el molde de la tarta.

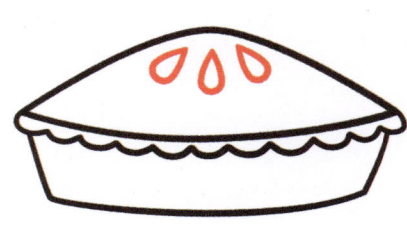

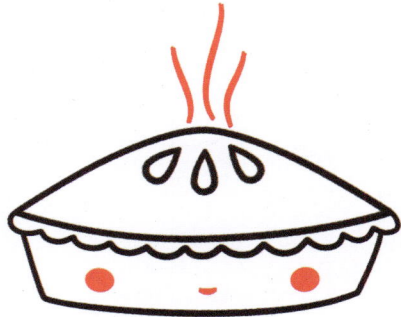

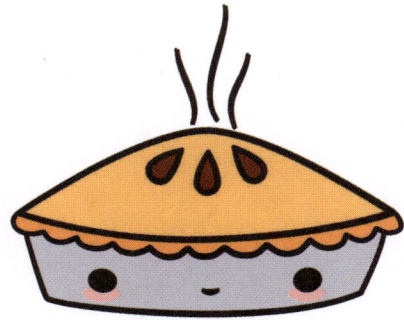

4. Añade tres formas parecidas a gotas en la parte superior de la tarta.

5. Haz una simpática carita y las líneas onduladas del vapor.

6. Colorea la tarta.

28. Porción de pastel

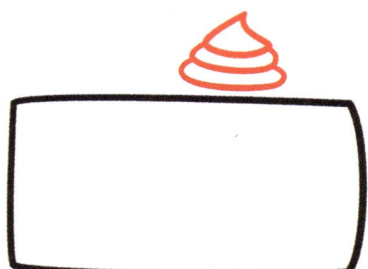

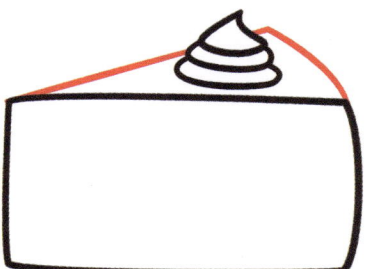

1. Primero dibuja un rectángulo con un borde ligeramente redondeado.

2. Añade la nata encima del rectángulo, dejando un poco de distancia.

3. Haz dos líneas inclinadas para crear la forma triangular de la parte superior de la porción de pastel.

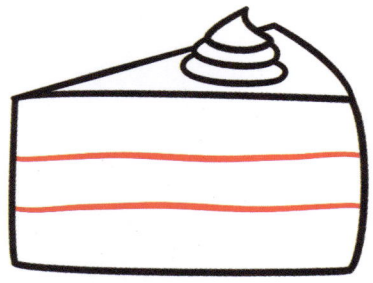

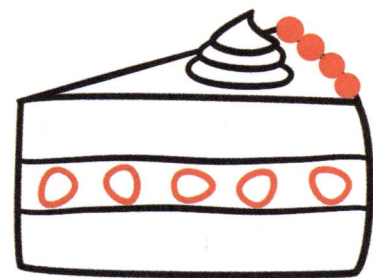

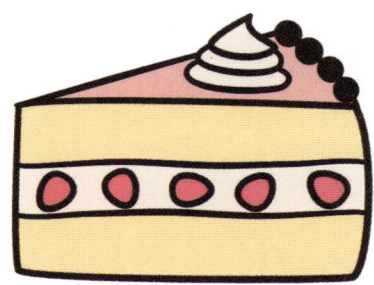

4. Haz dos líneas un poco onduladas en el centro del pastel para formar el relleno.

5. Agrega las fresas en el relleno del pastel y unas bolitas de chocolate a lo largo del borde superior.

6. Colorea la porción de pastel.

29. Cupcake

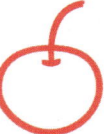 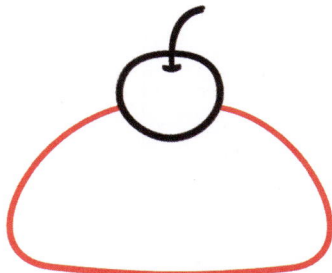 

1. Primero dibuja la cereza.

2. Debajo de la cereza, añade una forma parecida a una cúpula.

3. Traza el molde del cupcake, incluidas las líneas verticales que le dan textura.

4. Haz tres líneas curvas en el cupcake.

5. Dibuja el confeti en la parte superior y luego la carita en el molde.

6. Colorea el cupcake. Pinta las mejillas de color rosa claro.

30. Cruasán

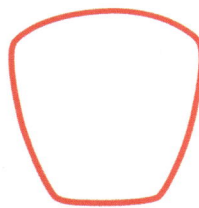

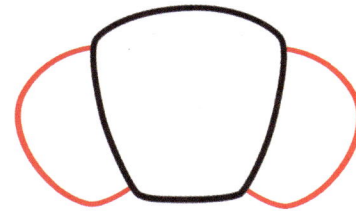

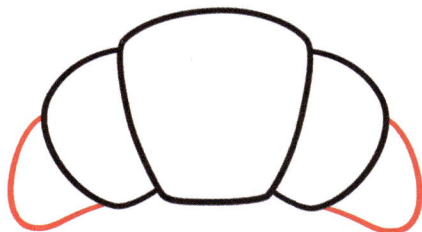

1. Primero dibuja el segmento central del cruasán.

2. Añade una forma redondeada a cada lado.

3. Haz el segmento de cada extremo, ligeramente puntiagudo y curvado.

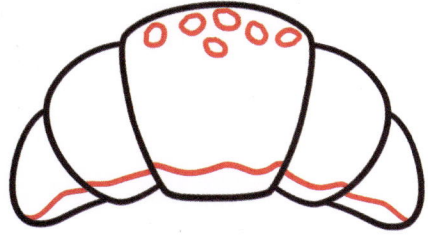

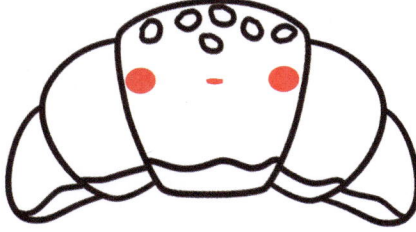

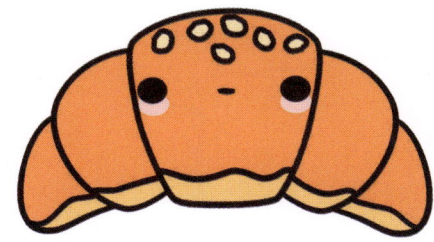

4. Agrega trocitos de almendra en la parte superior y una línea ondulada cerca del borde inferior.

5. Dibuja una carita en la parte delantera.

6. Colorea el cruasán. Pinta las mejillas de color rosa claro.

31. Pan de molde

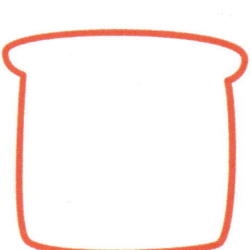

1. Dibuja la forma de una rebanada de pan.

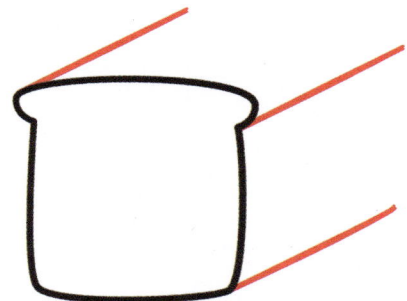

2. Traza tres líneas inclinadas para formar la parte superior y el lado del pan.

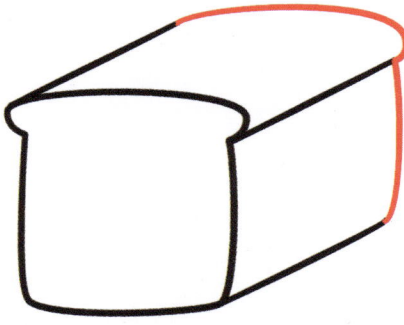

3. Dibuja la parte trasera del pan con una forma parecida a la de delante.

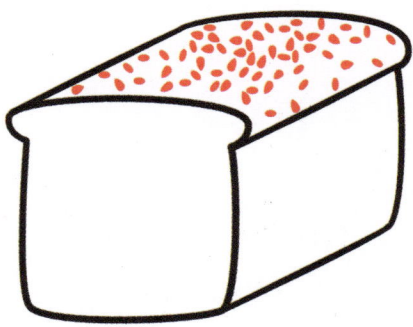

4. Añade semillas en la parte superior del pan.

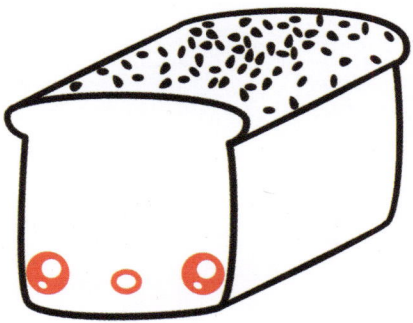

5. Dibuja una carita en la parte delantera.

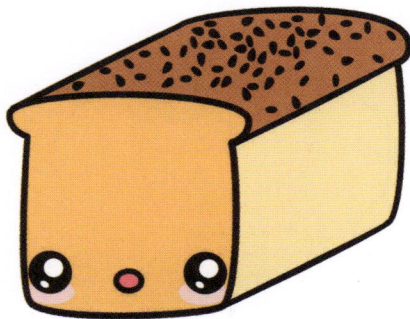

6. Colorea el pan de molde. Pinta las mejillas de color rosa claro.

32. Beicon y huevo

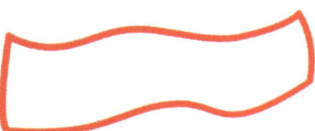
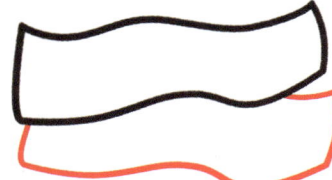
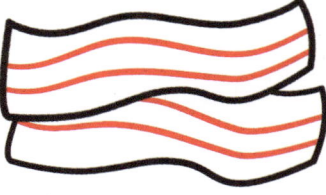

1. Primero dibuja la forma ondulada de una loncha de beicon.

2. Justo debajo, añade otra loncha de beicon.

3. Traza dos líneas onduladas en cada loncha.

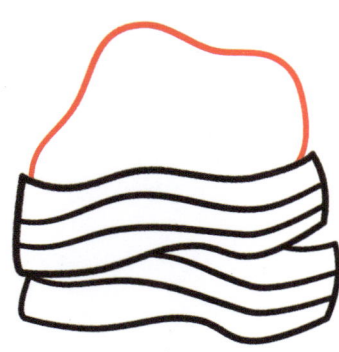
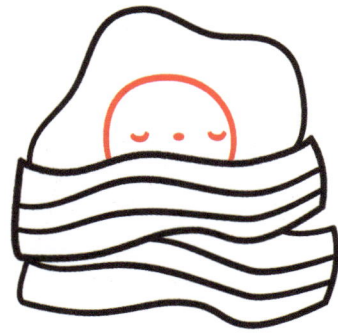
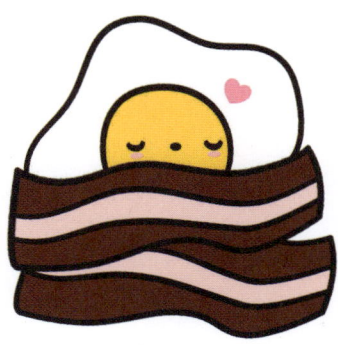

4. Agrega una forma irregular que sobresalga por detrás del beicon.

5. Dibuja la parte visible de la yema circular y añade una carita dormida en el medio.

6. Colorea las lonchas de beicon y la yema, y añade un corazoncito al lado de esta.

33. Porción de pizza

1. Primero haz el borde de la porción dibujando un rectángulo alargado con los bordes curvos.

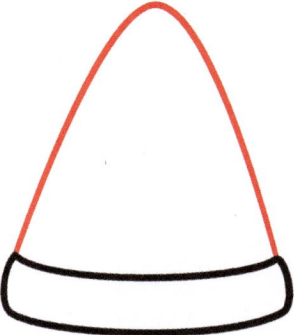

2. Encima del borde, traza un cono.

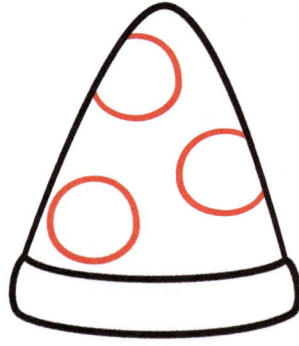

3. Añade las rodajas de peperoni dibujando tres círculos.

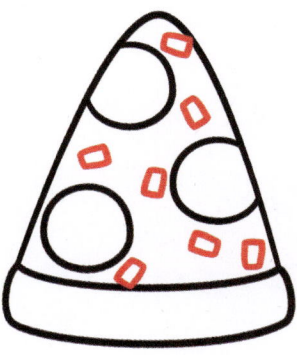

4. Haz pequeños rectángulos alrededor de las rodajas de peperoni.

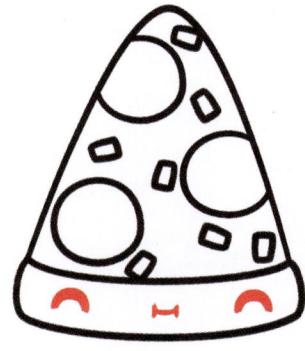

5. Dibuja una carita sonriente en el borde de la pizza.

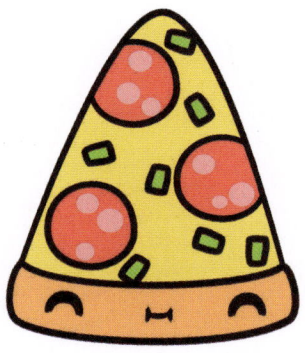

6. Colorea la porción de pizza. Pinta unos lunares de color rosa claro en cada rodaja de peperoni.

34. Taco

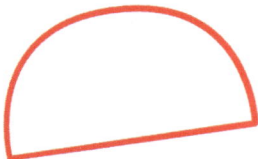

1. Primero dibuja un semicírculo un poco inclinado.

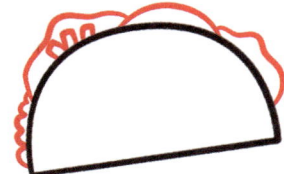

2. Añade líneas onduladas a lo largo del borde curvo para crear el relleno.

3. Haz el borde trasero del taco.

4. Dibuja una carita adorable en la parte delantera.

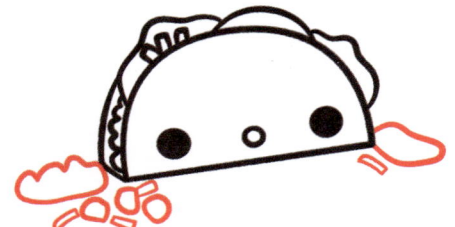

5. Esparce un poco del relleno alrededor del taco.

6. Colorea. Pinta varios lunares algo más oscuros en la parte delantera para dar textura al taco.

35. Hamburguesa

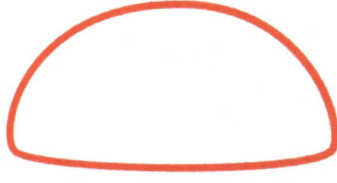

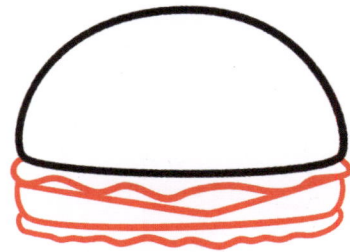

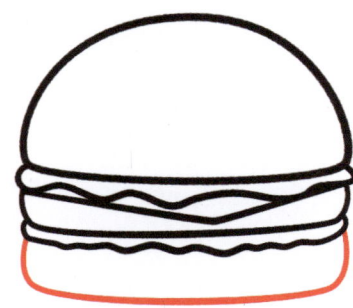

1. Primero dibuja un cúpula para crear la parte superior del panecillo.

2. Agrega el relleno, es decir, la lechuga, el queso, la hamburguesa y la salsa.

3. Dibuja la parte inferior del panecillo.

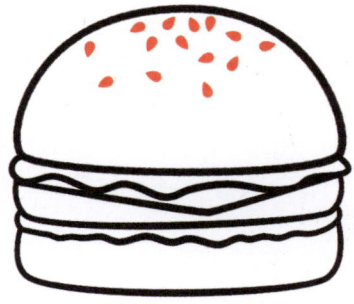

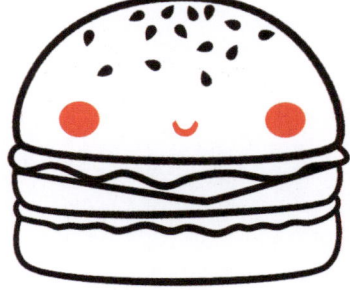

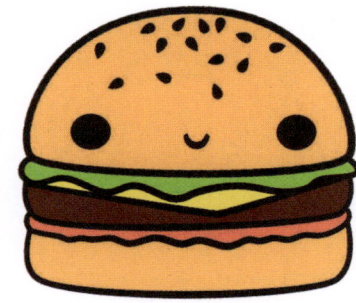

4. Añade las semillas de sésamo en la parte superior.

5. Dibuja una carita alegre en la parte delantera.

6. Colorea la hamburguesa.

36. Aguacate

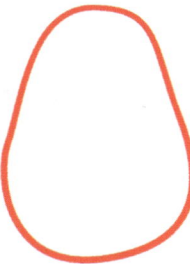

1. Primero dibuja una forma parecida a una pera.

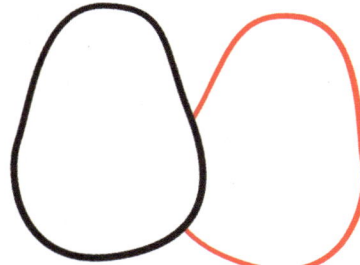

2. Agrega otra forma igual que sobresalga por detrás de la primera.

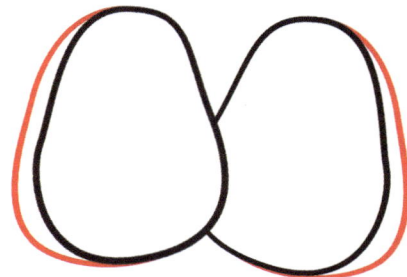

3. Haz el borde exterior de cada mitad de aguacate.

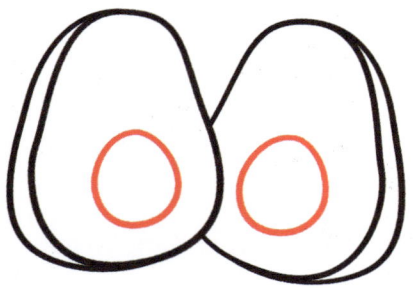

4. Traza una forma ovoide dentro de cada mitad de aguacate.

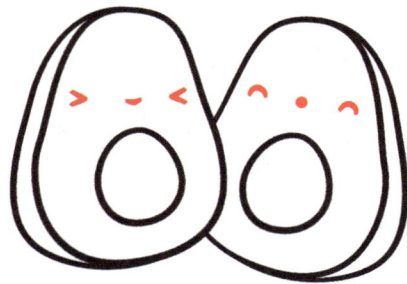

5. Dibuja una carita encima de cada forma ovoide.

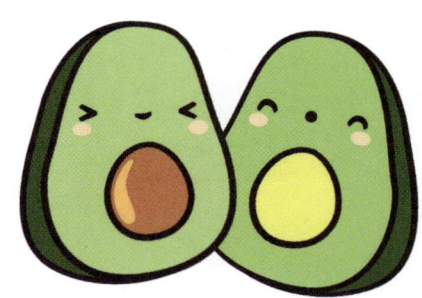

6. Colorea el aguacate. Pinta las mejillas de color rosa y añade la forma irregular del reflejo del hueso marrón.

37. Pieza de sushi

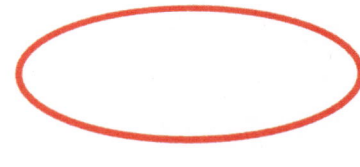

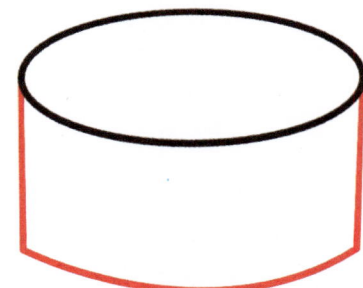

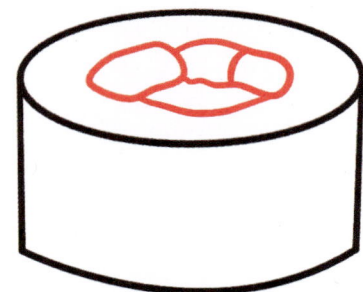

1. Primero traza un óvalo aplanado.

2. Añade los lados y la base de la pieza de sushi.

3. Dibuja unas formas irregulares en el centro del óvalo.

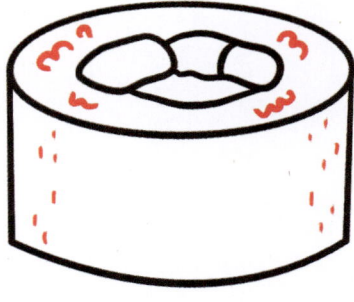

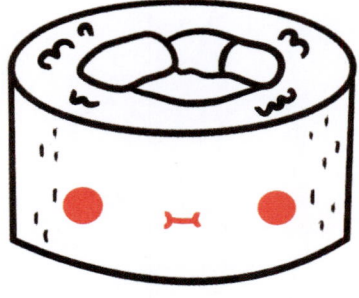

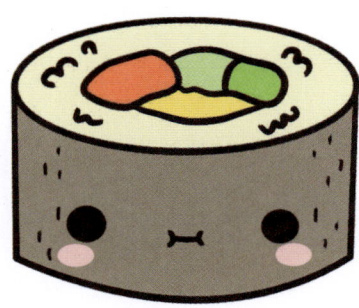

4. Haz unas líneas onduladas para crear la textura del arroz y luego varias líneas verticales diminutas en el alga.

5. Dibuja una carita en la parte delantera.

6. Colorea la pieza de sushi. Pinta las mejillas sonrojadas de color rosa claro.

38. Nigiri

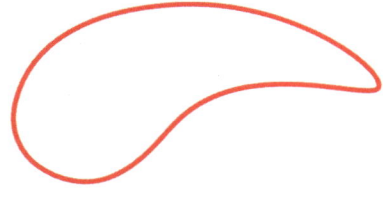

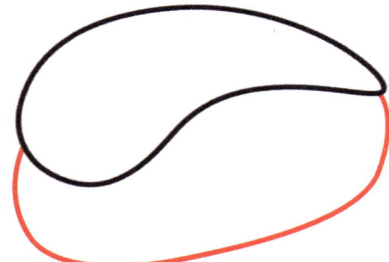

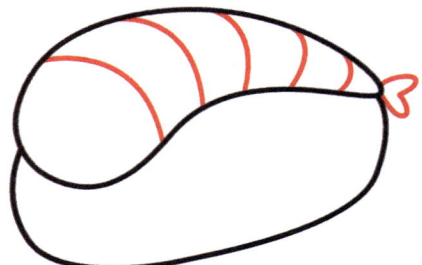

1. Primero esboza la gamba con una forma irregular curva.

2. Debajo de la gamba, dibuja la bola alargada de arroz.

3. Añade unas líneas curvas en el cuerpo de la gamba y haz la cola con forma de corazón.

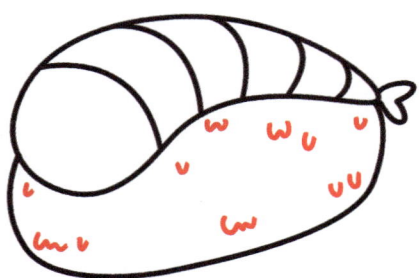

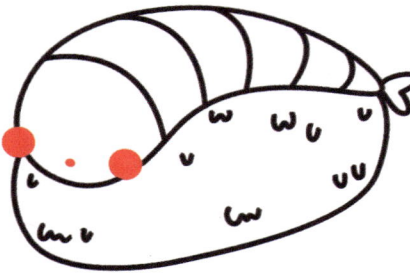

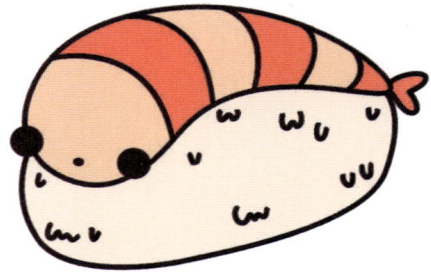

4. Traza unas líneas curvas en el arroz para crear su textura.

5. Dibújale a la gamba unos ojos grandes y una boquita.

6. Colorea el nigiri, alternando tonos claros y oscuros en el cuerpo de la gamba.

39. Cuenco de fideos

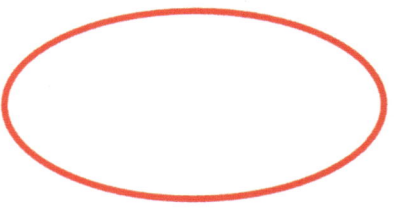

1. Primero traza la parte superior del cuenco con un óvalo aplanado.

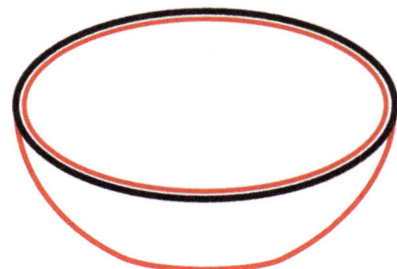

2. Agrega un óvalo ligeramente más pequeño en el interior y una línea curva justo debajo.

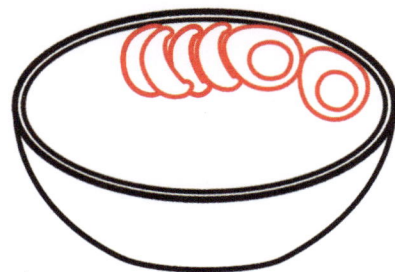

3. Dibuja algunos ingredientes, como las setas y el huevo duro.

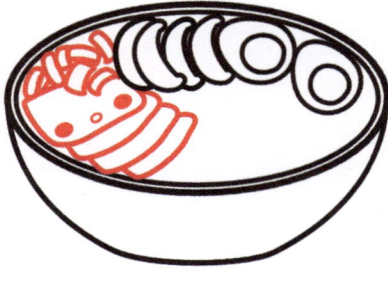

4. Añade también las lonchas de carne y la cebolleta troceada.

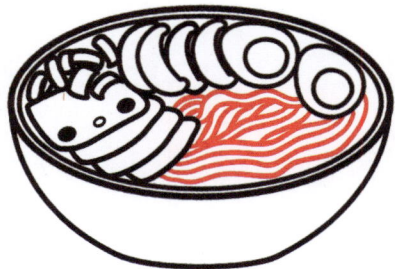

5. Llena el resto del cuenco con líneas onduladas para crear los fideos.

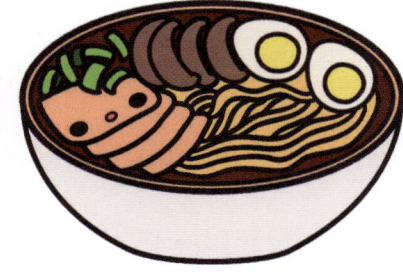

6. Colorea el cuenco de fideos.

40. Dumplings al vapor

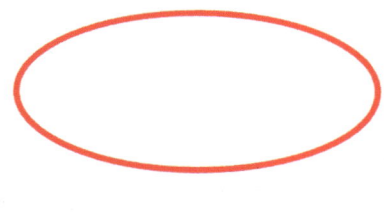

1. Primero traza un óvalo aplanado.

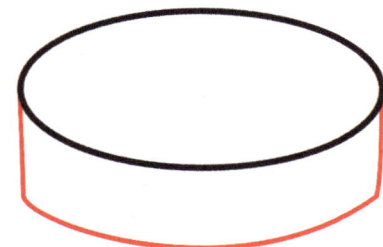

2. Añade los lados y la base de la cesta vaporera.

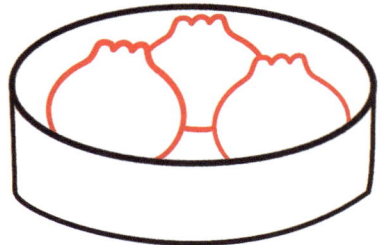

3. En el interior, dibuja las tres formas irregulares de los dumplings.

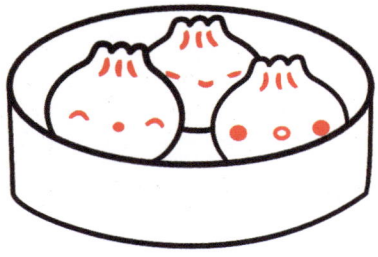

4. Traza las arruguitas de la parte superior de cada dumpling y pon una carita a cada uno.

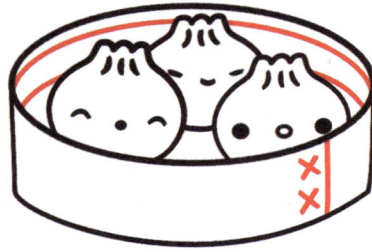

5. Agrega los detalles de la cesta vaporera.

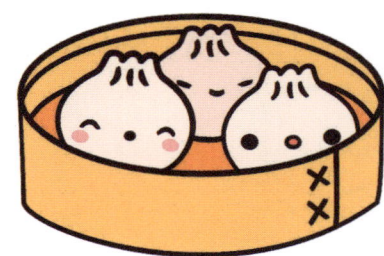

6. Colorea los dumplings al vapor. Pinta las mejillas de color rosa claro.

41. Takoyaki (buñuelos de pulpo)

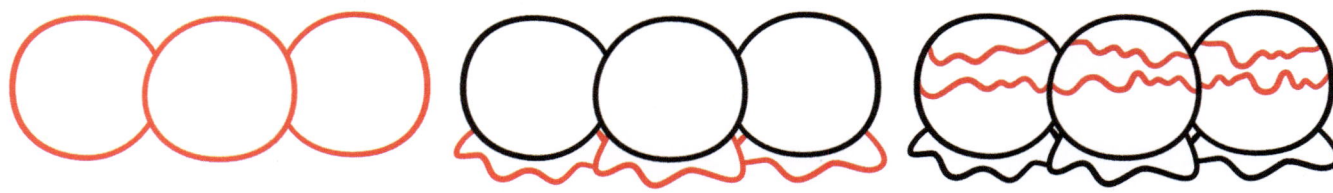

1. Primero traza tres círculos ligeramente superpuestos.

2. Agrega un línea ondulada debajo de cada círculo.

3. En la parte superior de cada círculo, haz dos líneas onduladas para crear la salsa.

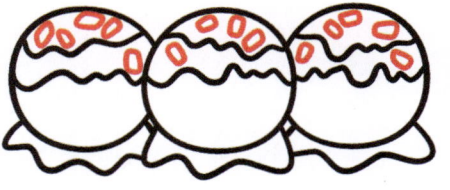

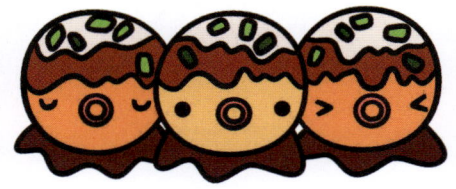

4. Dibuja los ingredientes picados de encima de los takoyaki.

5. En cada buñuelo, dibuja una boca circular y los ojos.

6. Colorea los takoyaki.

42. Onigiri (bola de arroz)

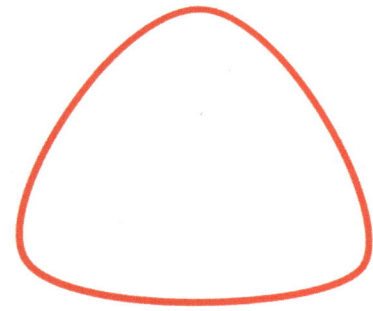

1. Dibuja un triángulo equilátero redondeado.

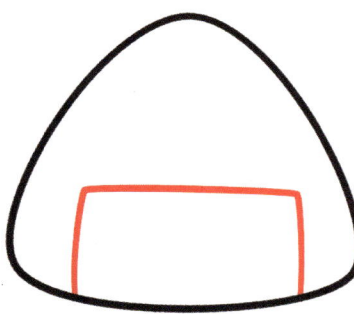

2. Añade un rectángulo junto al borde inferior del triángulo.

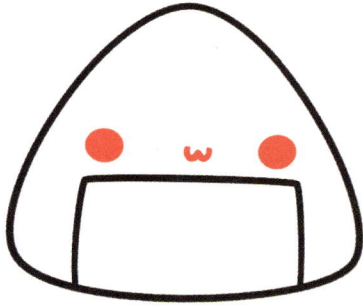

3. Encima del rectángulo, haz la boca con forma de «w» y los dos ojos redondos.

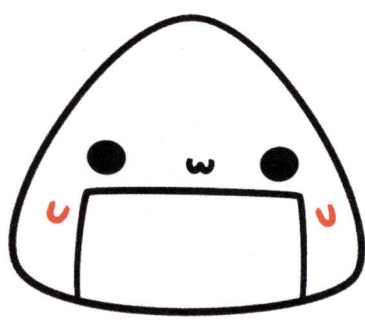

4. Dibuja dos brazos diminutos.

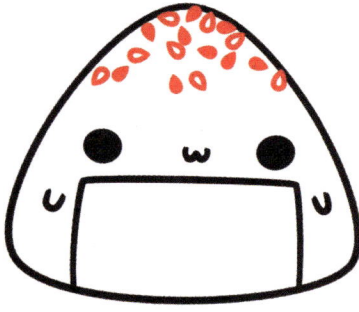

5. Añade semillas de sésamo en la parte superior.

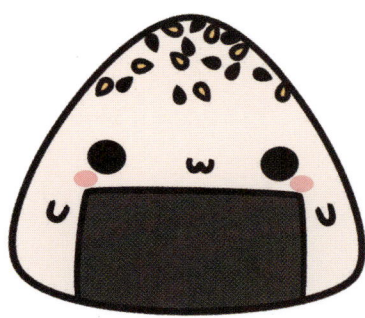

6. Colorea el onigiri. Pinta las mejillas de color rosa claro.

43. Dango

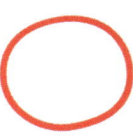

1. Dibuja la primera bola haciendo un círculo ligeramente aplanado.

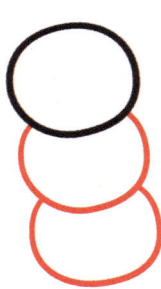

2. Debajo, añade dos bolas más.

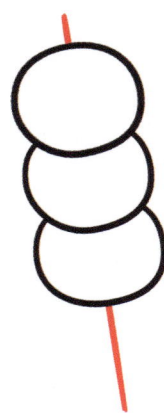

3. Traza una línea recta que atraviese las tres bolas.

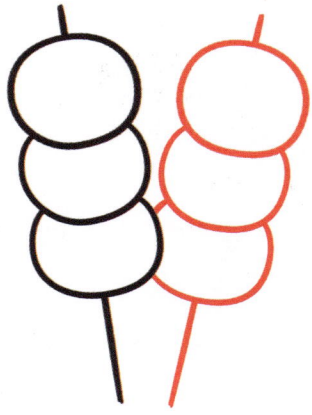

4. Repite los pasos anteriores para dibujar una segunda brocheta.

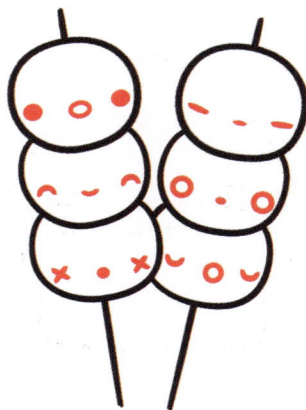

5. Haz una carita adorable en cada bola. Prueba a hacerles diferentes expresiones.

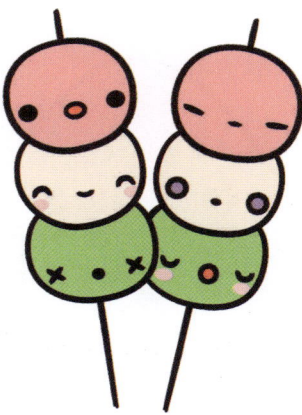

6. Colorea el dango. Pinta mejillas sonrojadas de color rosa claro en algunas de las bolas.

44. Galleta rellena

1. Dibuja un rectángulo con las esquinas redondeadas.

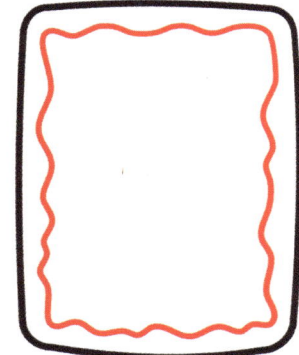

2. Para crear el relleno, haz otro rectángulo de bordes ondulados dentro del primero.

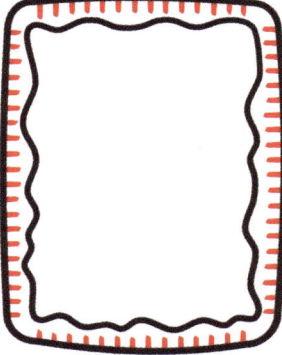

3. Traza pequeñas líneas rectas a lo largo de todos los bordes de la galleta.

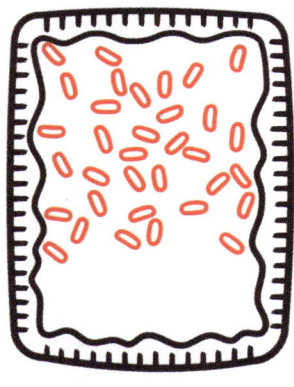

4. Añade confeti sobre el relleno.

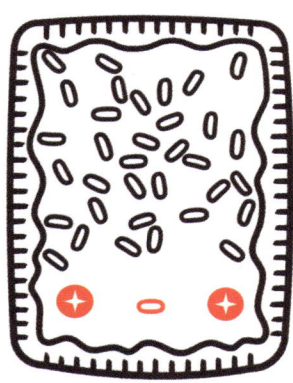

5. En la parte inferior del relleno, dibuja una carita con los ojos relucientes y la boca en forma de confeti.

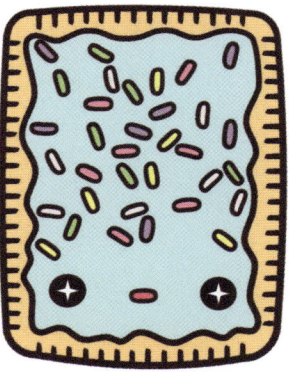

6. Colorea la galleta. Pinta el relleno del color que prefieras.

45. Manzana caramelizada

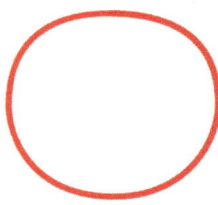

1. Primero dibuja la manzana con un círculo ligeramente aplanado.

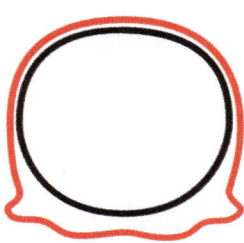

2. Agrega la cobertura de caramelo alrededor de la manzana.

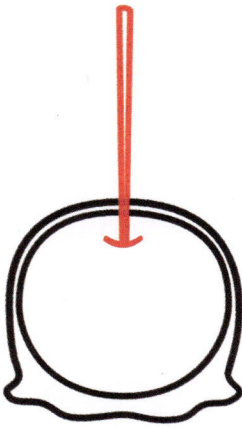

3. Traza el palo clavado en el centro y añade una pequeña línea curva en el extremo.

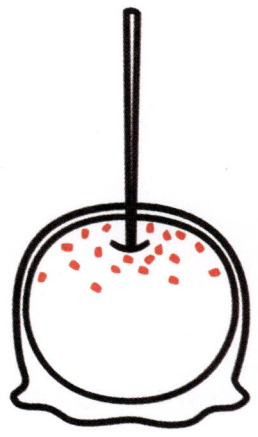

4. Esparce frutos secos picados sobre la manzana.

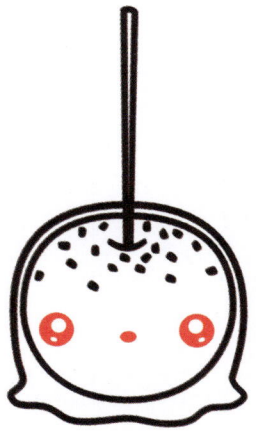

5. Dibuja una cara con ojos brillantes.

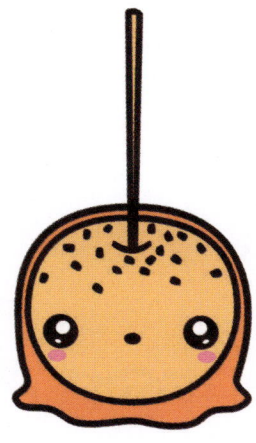

6. Colorea la manzana caramelizada. Pinta las mejillas de color rosa.

46. Calabaza

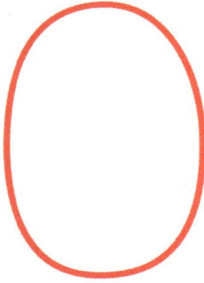

1. Primero traza un óvalo alargado en posición vertical.

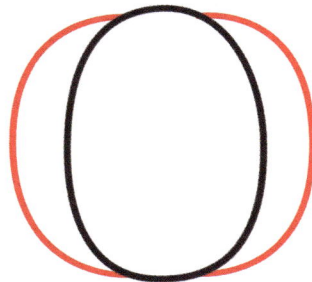

2. Añade un segmento a cada lado del óvalo.

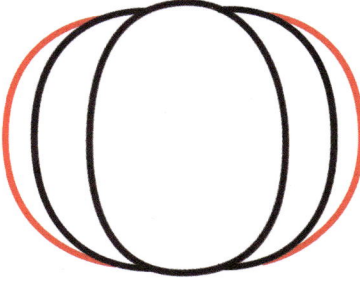

3. Haz otro segmento más a cada lado de la calabaza.

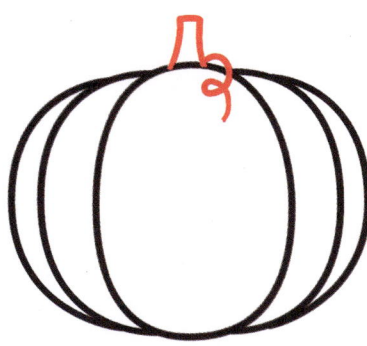

4. En la parte superior, dibuja el tallo y el zarcillo.

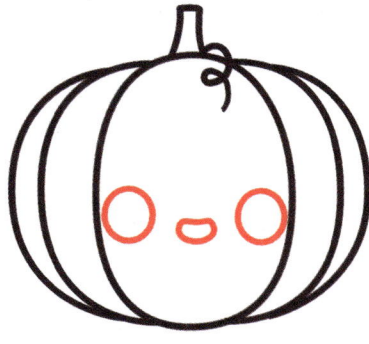

5. Añádele unos ojos grandes y la boca.

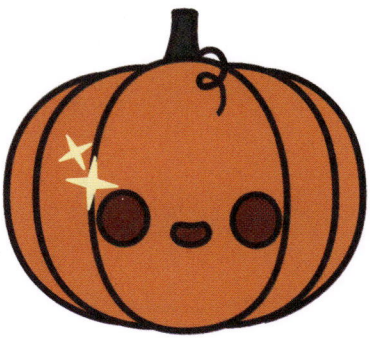

6. Colorea la calabaza. Pinta unos destellos encima de uno de los ojos.

47. Trozo de sandía

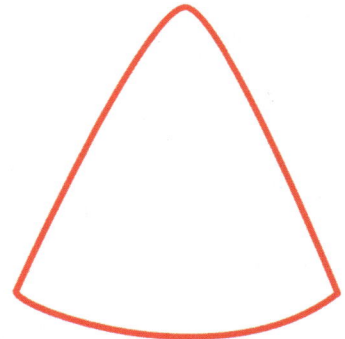

1. Primero dibuja un triángulo con el lado inferior curvo y la esquina superior redondeada.

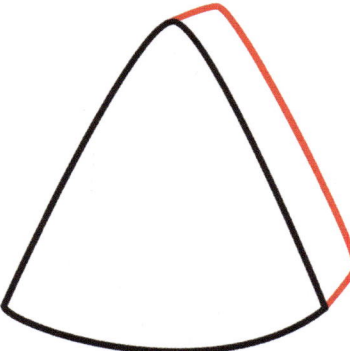

2. Traza otra línea junto al borde derecho del triángulo.

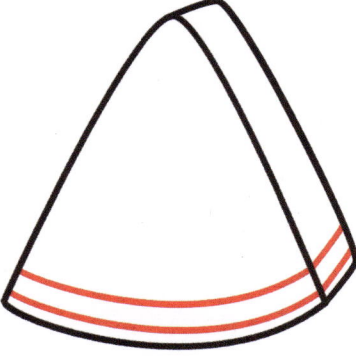

3. Haz dos líneas curvas paralelas al borde inferior para crear la parte blanca y la piel.

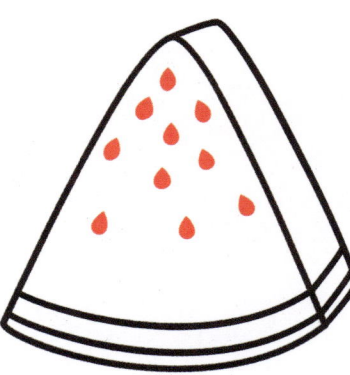

4. Añade algunas pepitas en la parte delantera.

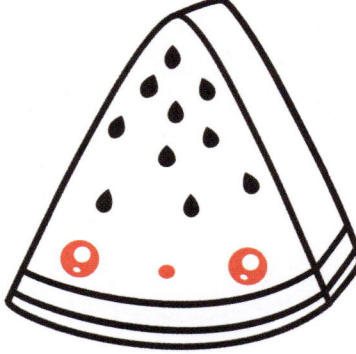

5. Dibújale una cara adorable con grandes ojos.

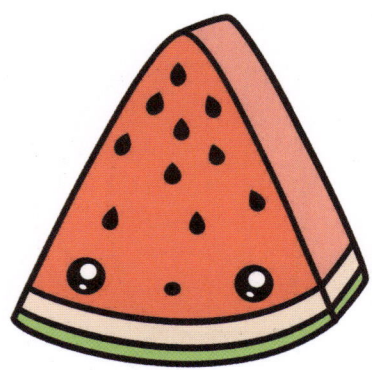

6. Colorea el trozo de sandía.

48. Piña

1. Dibuja un rectángulo con las esquinas muy redondeadas.

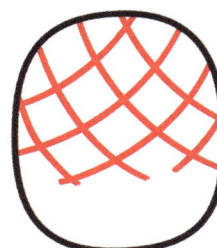

2. Traza varias líneas entrecruzadas que cubran las dos terceras partes superiores de la piña.

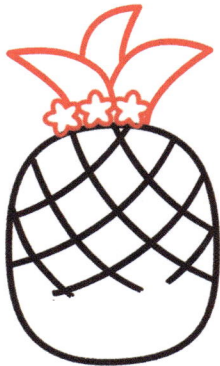

3. Dibuja tres florecillas y tres hojas encima de la piña.

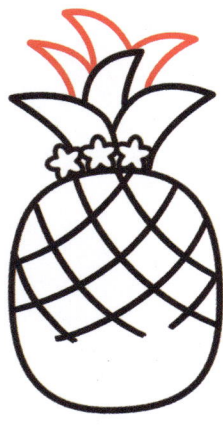

4. Encima de todo, añade tres hojas más.

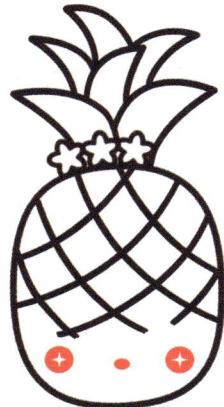

5. Dibuja una carita en la parte inferior de la piña.

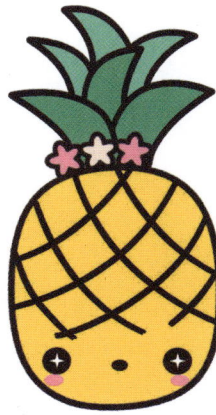

6. Colorea la piña. Pinta las mejillas sonrojadas de color rosa.

49. Cerezas

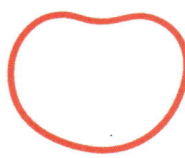

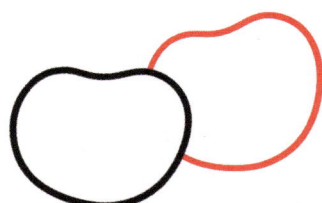

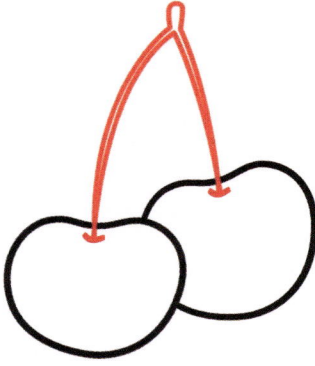

1. Primero dibuja la forma de una cereza.

2. Agrega otra cereza detrás de la primera, de manera que quede un poco solapada.

3. Traza los tallos de las cerezas unidos por la parte de arriba.

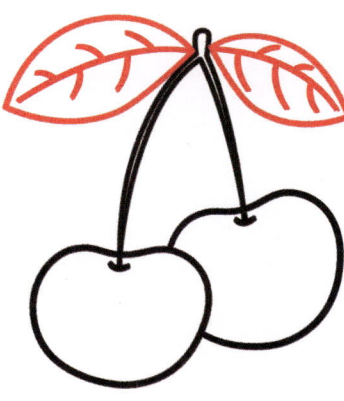

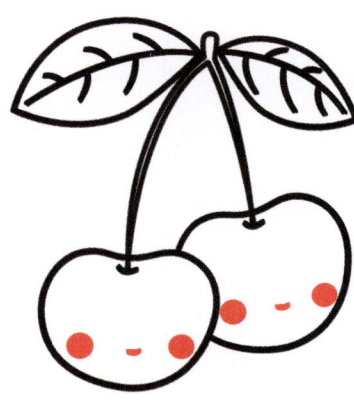

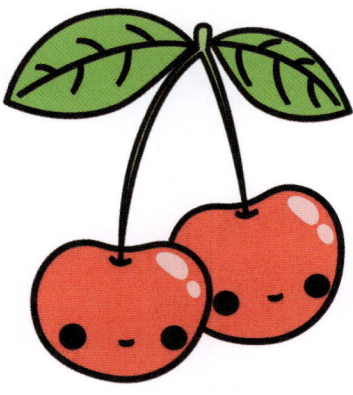

4. Dibuja dos hojas en la parte superior de los tallos.

5. Haz una simpática carita en cada cereza.

6. Colorea las cerezas. Añade una forma irregular más clara en la parte superior de cada una para mostrar cómo brillan.

50. Fresa bañada en chocolate

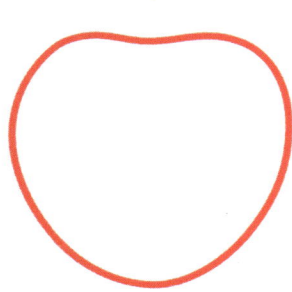

1. Primero haz la forma redondeada de la fresa, una mezcla entre un círculo y un corazón.

2. Dibuja tres hojas en la parte superior.

3. Traza una línea ondulada para crear el chocolate.

4. Añade las pequeñas semillas en la mitad superior de la fresa.

5. Dibuja la cara en el centro de la fresa.

6. Colorea la fresa. Pinta las mejillas sonrojadas de color rosa claro.

51. Seta Amanita muscaria

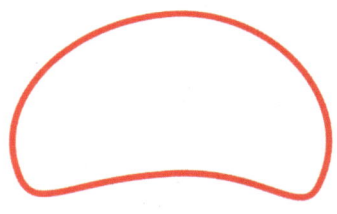

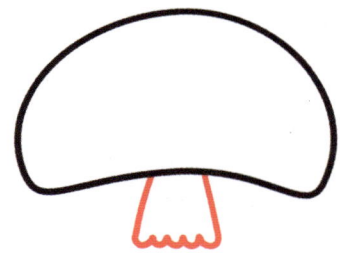

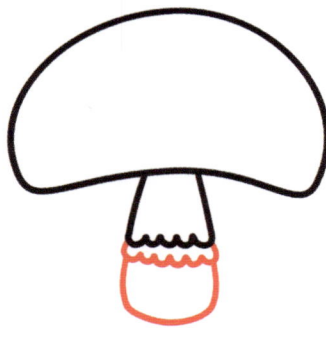

1. Primero traza la forma irregular del sombrero de la seta.

2. Añade un tallo corto con la base ondulada.

3. Justo debajo, haz otra línea ondulada y luego el resto del tallo con la base redondeada.

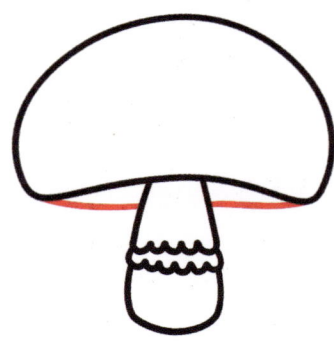

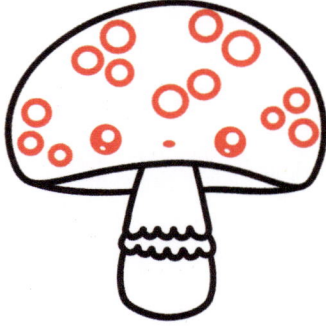

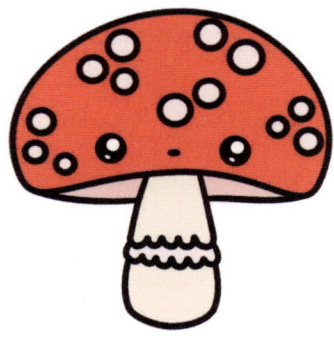

4. Crea el borde trasero del sombrero con dos líneas curvas.

5. Dibuja los lunares y la carita.

6. Colorea la seta.

52. Setas shimeji

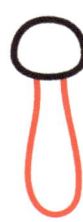

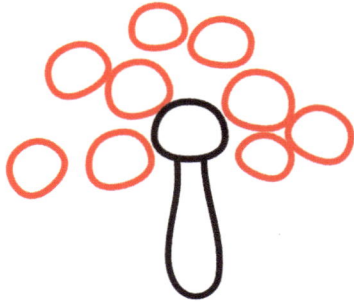

1. Dibuja el sombrero de una seta trazando un círculo pequeño ligeramente aplanado.

2. Agrega un tallo largo con un base ancha y redondeada.

3. Dibuja los sombreros de las otras setas distribuidas alrededor de la primera seta.

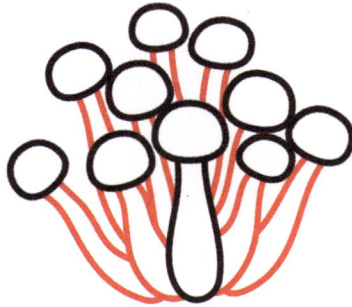

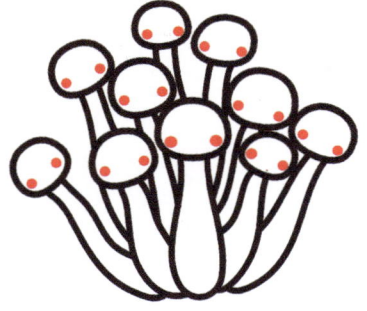

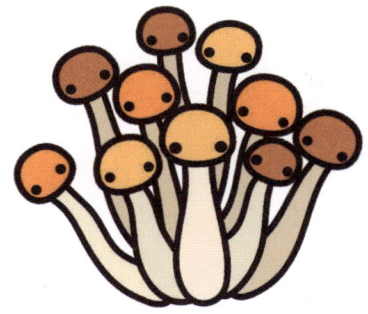

4. Haz el tallo de cada seta de manera que todos se unan en la base.

5. Añade dos ojitos en el sombrero de cada seta.

6. Colorea las setas.

53. Ramo de flores

  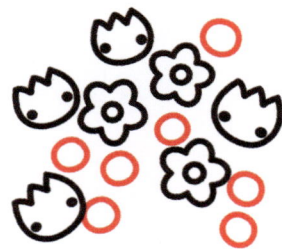

1. Primero dibuja tres florecillas con un círculo en el centro.

2. Añade varios tulipanes con dos puntitos a modo de ojos.

3. Haz varios círculos pequeños entre las flores.

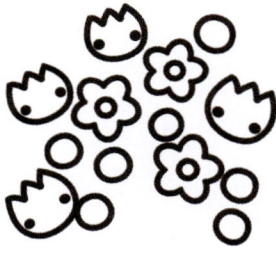  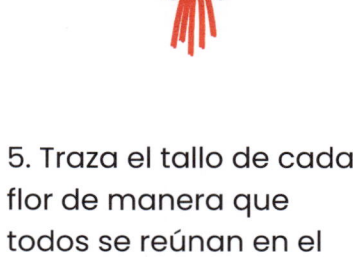

4. Más abajo, dejando espacio para los tallos, dibuja un lazo grande.

5. Traza el tallo de cada flor de manera que todos se reúnan en el centro del lazo.

6. Pinta tu ramo de flores de bonitos colores.

54. Planta de jade

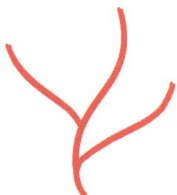

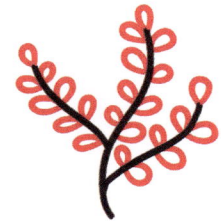

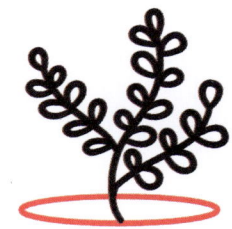

1. Primero traza un tallo principal del cual surjan otros dos más pequeños.

2. Dibuja hojitas redondeadas a lo largo de cada tallo.

3. Añade un óvalo aplanado en la base del tallo principal.

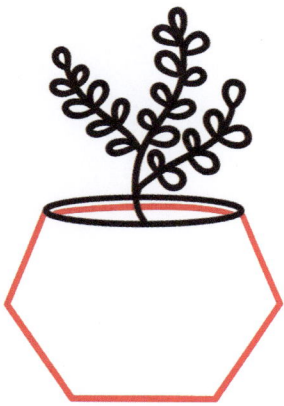

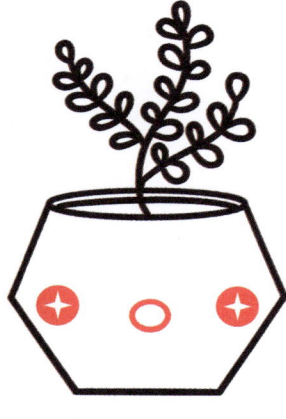

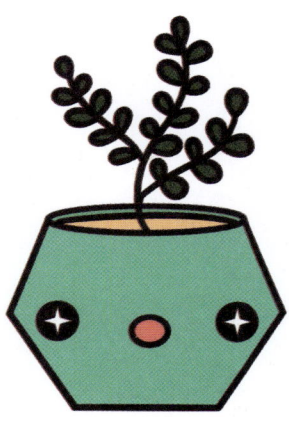

4. Acaba de dibujar la maceta y agrega una línea curva cerca del borde superior para crear la tierra.

5. Ponle los dos ojos y la boca.

6. Colorea la planta de jade y la maceta.

55. Cactus

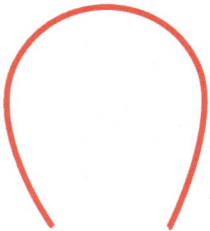

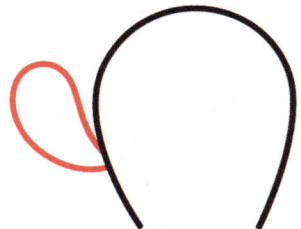

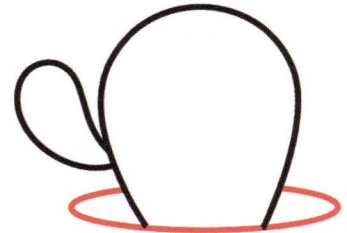

1. Primero dibuja la parte principal del cactus con una gran línea curva.

2. Añade el «brazo» del cactus.

3. Traza la parte superior de la maceta con un óvalo aplanado.

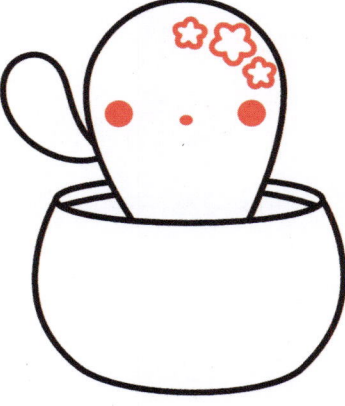

4. Dibuja la parte restante de la maceta y agrega un línea curva para crear la tierra.

5. Agrega la cara y las florecillas.

6. Colorea el cactus. Añádele pequeñas cruces blancas a modo de espinas.

56. Suculenta oreja de conejo

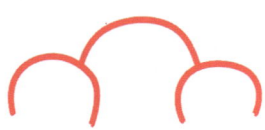

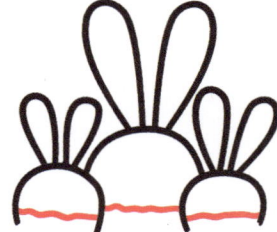

1. Primero dibuja tres montículos.

2. Traza dos largas orejas encima de cada montículo.

3. Haz una línea ondulada cerca de la base de cada montículo.

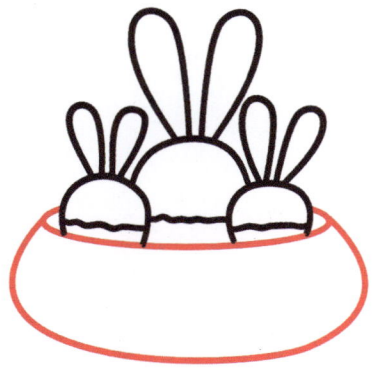

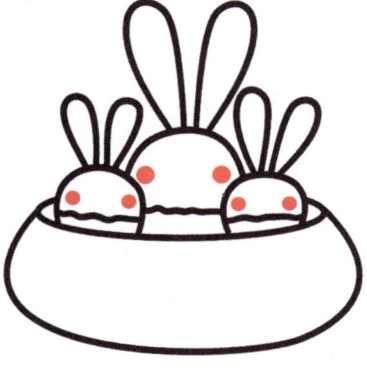

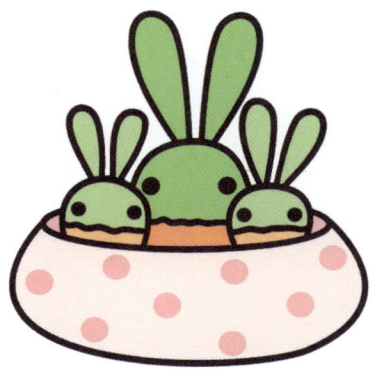

4. Dibuja dos líneas curvas para crear la maceta.

5. Ponle dos ojitos a cada conejo.

6. Colorea la suculenta oreja de conejo y decora la maceta con lunares.

57. Planta china del dinero

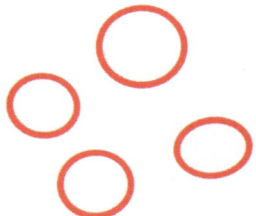

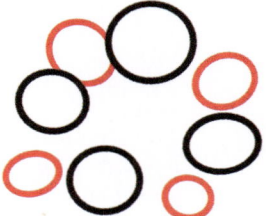

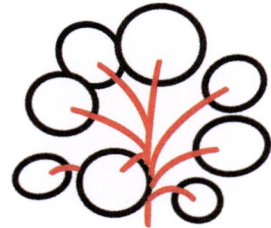

1. Dibuja varios círculos y óvalos pequeños, que serán las hojas.

2. Añade algunas hojas más en diferentes ángulos.

3. Traza el tallo de cada hoja de manera que todos se unan en el centro.

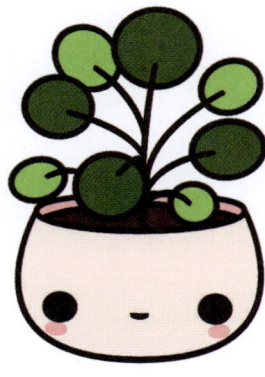

4. Crea la parte superior de la maceta con un óvalo aplanado y luego dibuja la parte restante con una línea curva.

5. Agrega una cara adorable en la maceta y traza una línea curva cerca del borde superior para crear la tierra.

6. Colorea la planta china del dinero. Añade unos óvalos rosas debajo de los ojos para hacer las mejillas sonrojadas.

58. Planta serpiente

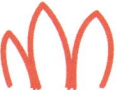

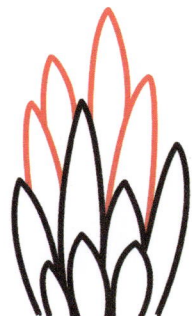

1. Primero haz tres hojas pequeñas y puntiagudas.

2. Detrás de estas hojas, añade otras más largas.

3. Dibuja hojas aún más largas y puntiagudas que sobresalgan por encima.

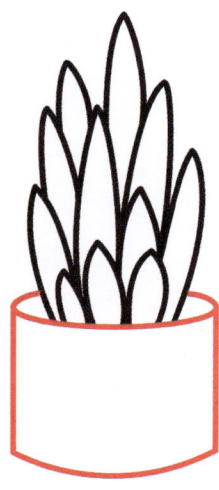

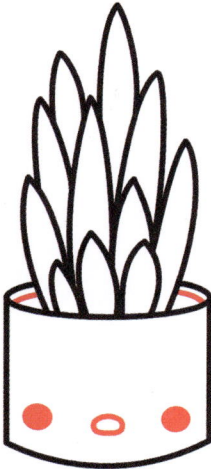

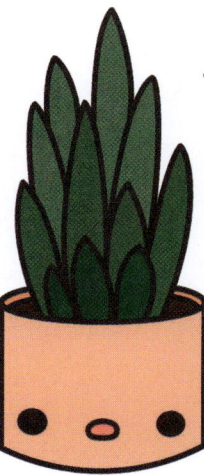

4. Crea la parte superior de la maceta con un óvalo aplanado y luego dibuja la parte restante.

5. Traza una línea paralela al borde superior trasero para crear la tierra y luego agrega la bonita cara de la maceta.

6. Colorea la planta serpiente. Puedes usar diferentes tonos de verde para darle profundidad.

59. Araña

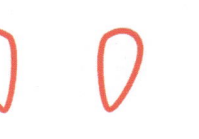
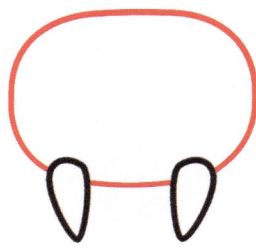
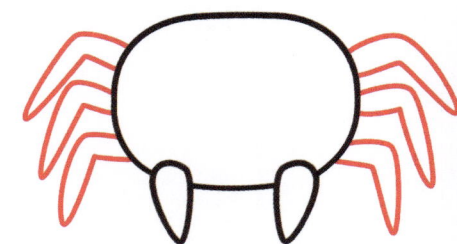

1. Primero crea las patas delanteras con dos triángulos redondeados.

2. Justo detrás, dibuja el cuerpo ovalado.

3. Agrega más patas a cada lado del cuerpo.

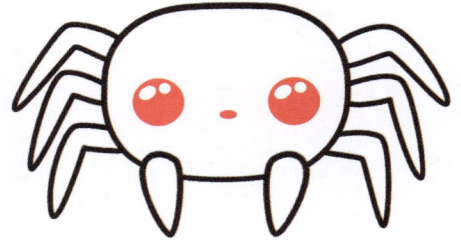
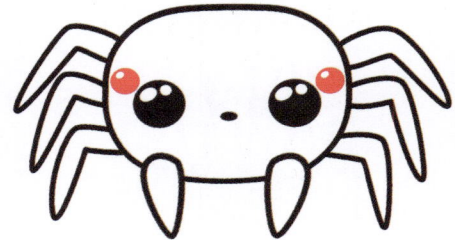
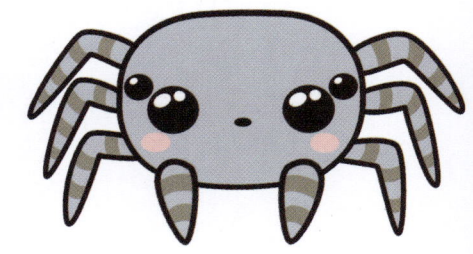

4. Dibuja los dos grandes ojos y la boquita.

5. Añade un ojito más a cada lado de la cabeza.

6. Colorea la araña. Pinta las mejillas sonrojadas de color rosa y añade franjas en las patas.

60. Libélula

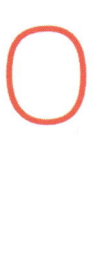

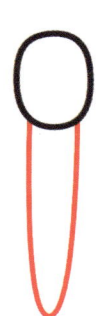

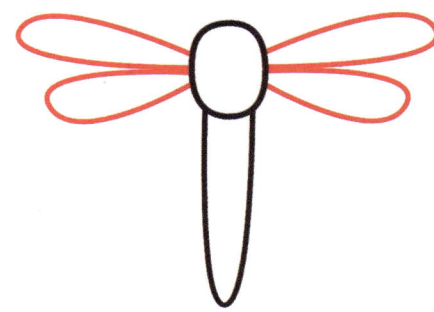

1. Primero haz la parte principal del cuerpo con un óvalo pequeño.

2. Justo debajo, añade la parte larga del cuerpo.

3. Dibuja dos alas largas y estrechas a cada lado del cuerpo.

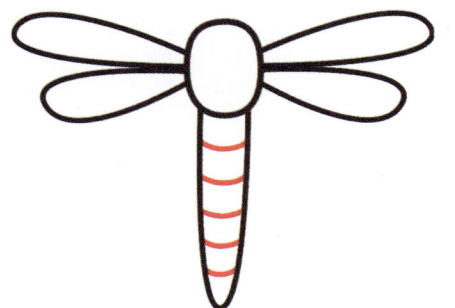

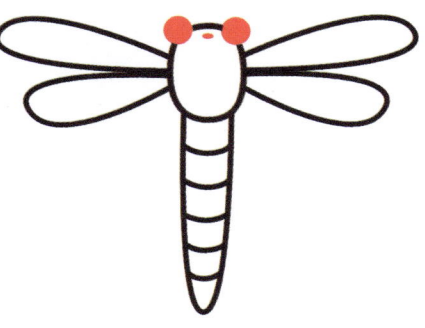

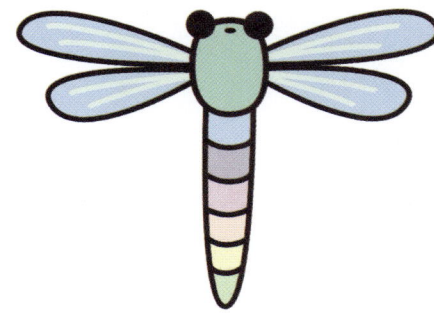

4. Traza líneas curvas en la parte larga del cuerpo.

5. Dibuja dos ojos grandes y una boquita en la parte superior de la cabeza.

6. Colorea la libélula. Pinta las venas de las alas en un tono claro.

01. Mariquita

 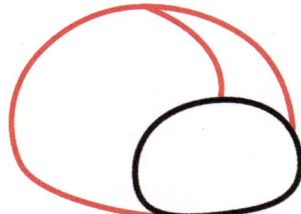 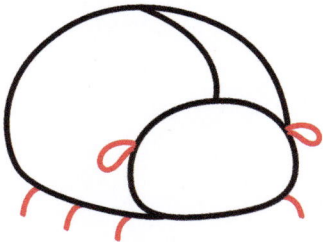

1. Primero dibuja la forma redondeada de la cabeza.

2. Detrás de la cabeza, traza un cuerpo con forma de pan. Añádele una línea en la espalda, que es donde coinciden las alas.

3. Dibújale las dos antenas y las líneas de las patitas.

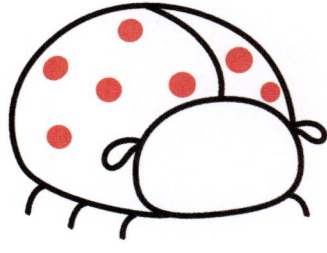 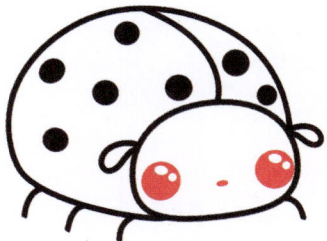 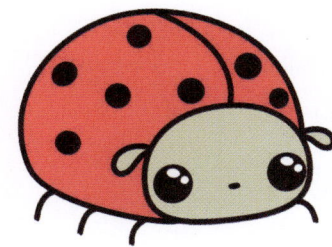

4. Agrega los lunares del cuerpo.

5. Hazle dos ojos grandes y la boquita.

6. Colorea la mariquita.

62. Oruga

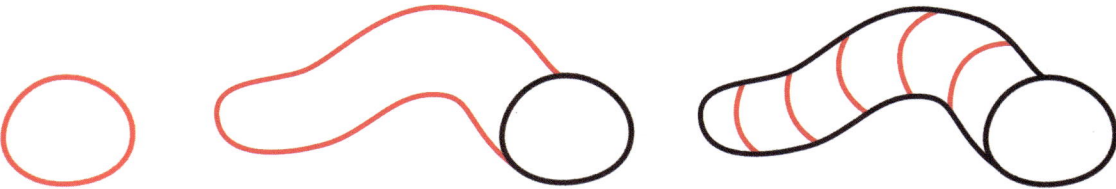

1. Primero dibuja la cabeza con un círculo ligeramente aplanado.

2. Añade el resto del cuerpo. Hazlo tan largo como quieras.

3. Traza líneas curvas en el cuerpo para crear los segmentos.

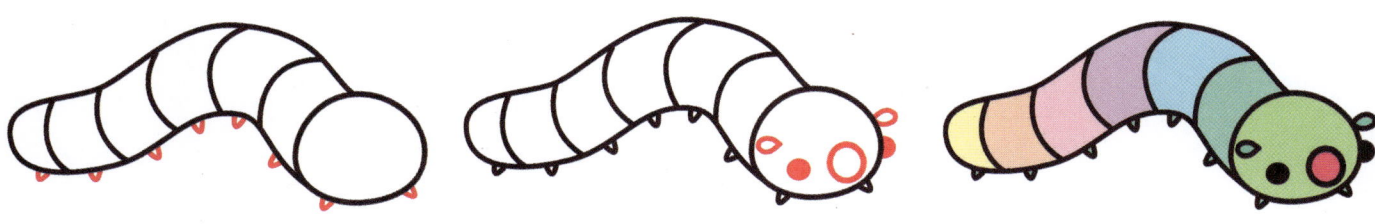

4. Dibuja las patitas a lo largo del borde inferior de la oruga.

5. En la cabeza, hazle dos ojos, una gran boca abierta y las antenas.

6. Colorea la oruga. Puedes pintar cada segmento de un color diferente para que quede más interesante.

63. Mariposa

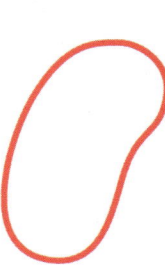

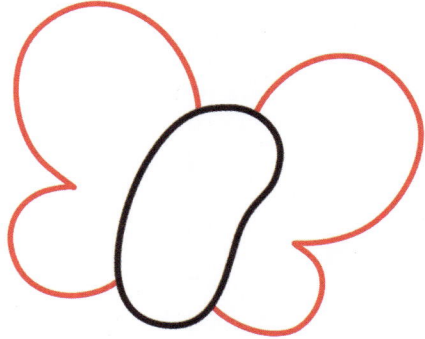

1. Primero traza el cuerpo con una forma parecida a una alubia.

2. Añade una gran ala a cada lado del cuerpo.

3. Dibuja detalles con forma de lágrima en las alas.

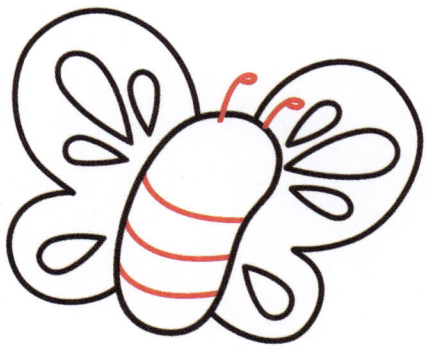

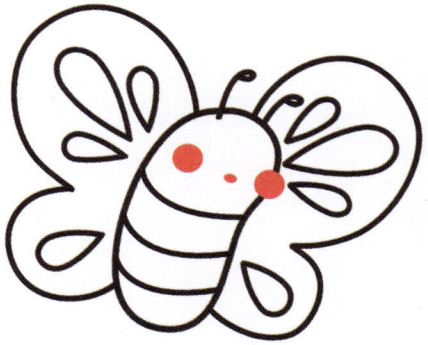

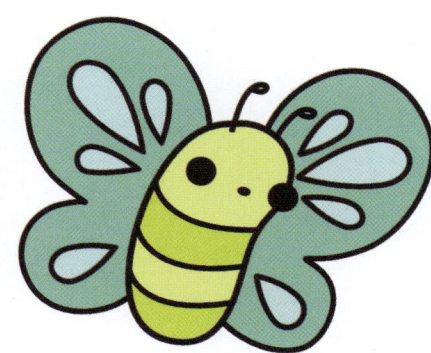

4. Agrega las dos antenas y las líneas del cuerpo.

5. En la cabeza, dibuja los dos ojos y la boquita.

6. Pinta la mariposa de los colores que prefieras.

64. Caracol

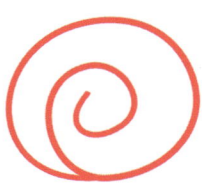

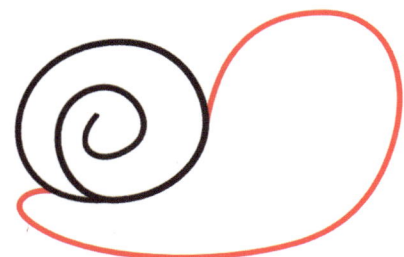

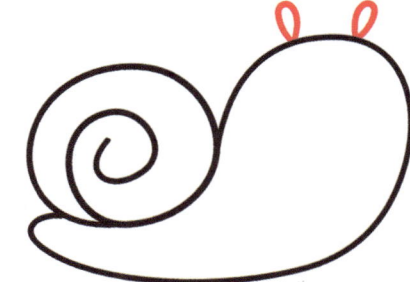

1. Primero dibuja la concha con forma de espiral.

2. Agrega la forma redondeada del cuerpo.

3. Encima de la cabeza hazle dos pequeñas antenas.

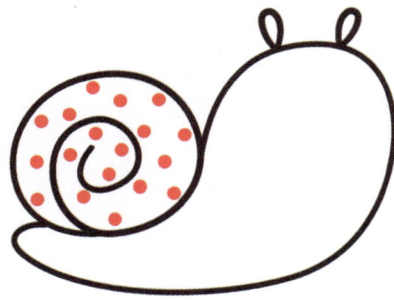

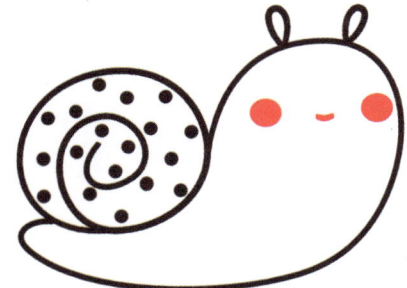

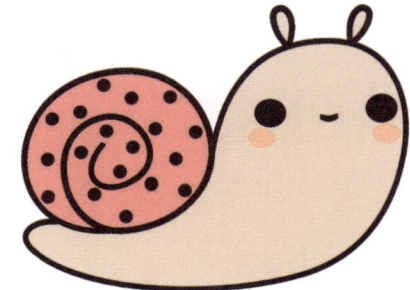

4. Añade un estampado de lunares en la concha.

5. Hazle los ojos y una boquita sonriente.

6. Colorea el caracol. Pinta las mejillas de color rosa claro.

65. Hojas

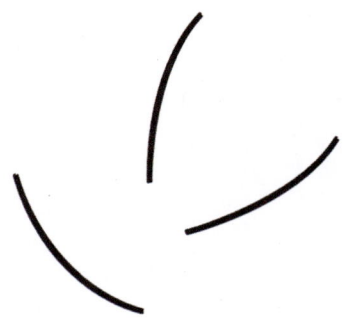

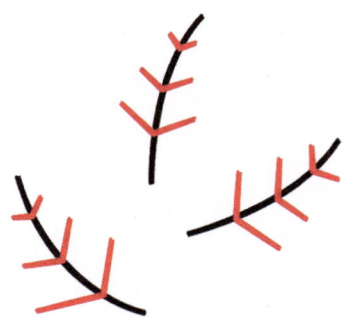

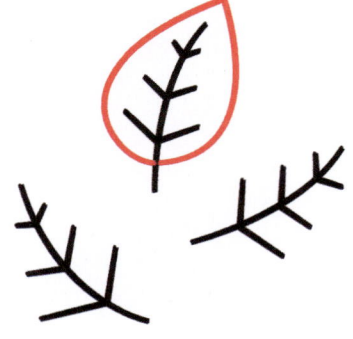

1. Primero traza el nervio principal de las hojas con tres líneas curvas.

2. Añade los nervios restantes con líneas inclinadas.

3. Dibuja el contorno de una de las hojas alrededor de la nervadura.

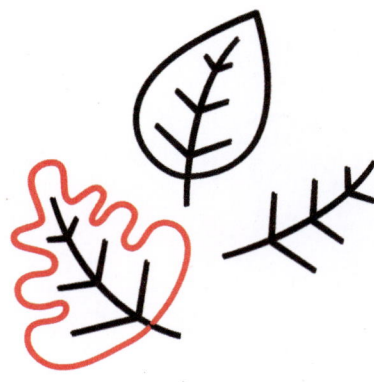

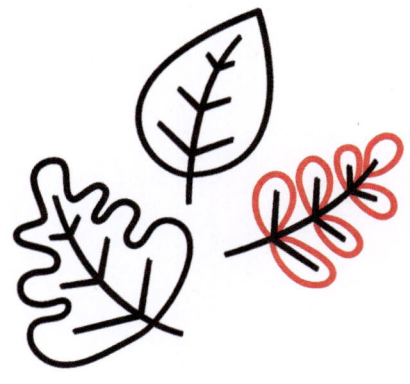

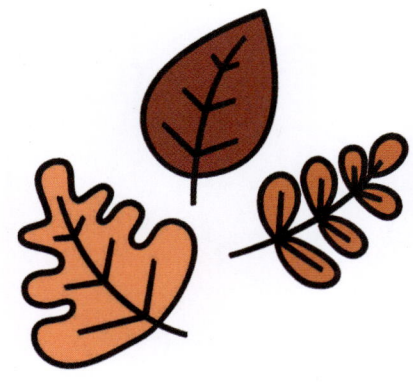

4. Haz el contorno de la segunda hoja con una línea ondulada.

5. En la tercera hoja, dibuja una hojita alrededor de cada nervio.

6. Píntalas en tonos marrones si quieres hacer hojas otoñales, o en tonos verdes para darles un aire primaveral.

66. Bosque diminuto

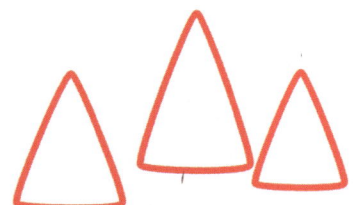

1. Primero dibuja tres triángulos con las esquinas redondeadas.

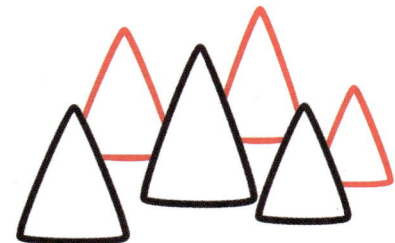

2. Agrega otros tres triángulos por detrás de los primeros.

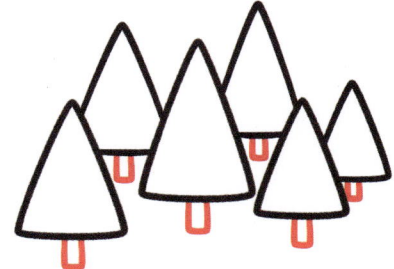

3. Traza un pequeño rectángulo debajo de cada triángulo para crear los troncos.

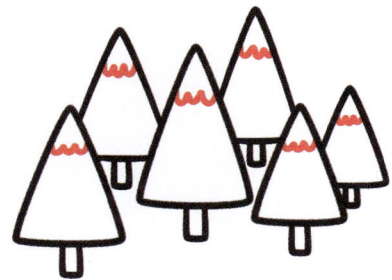

4. Añade una línea ondulada cerca de la punta de cada árbol.

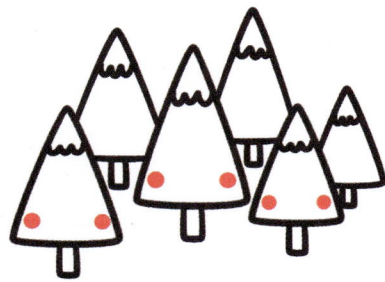

5. Dibuja ojos en algunos de los árboles.

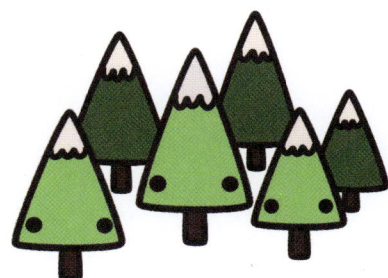

6. Colorea el bosque diminuto. Deja en blanco la punta de los árboles para que parezca que están nevados.

67. Montañas

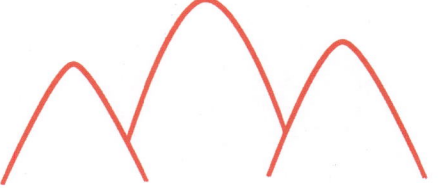

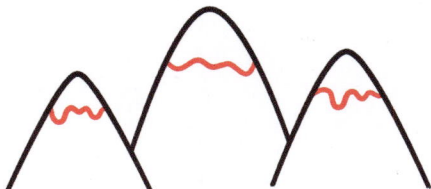

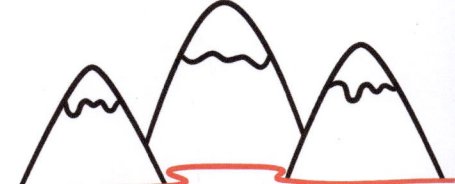

1. Primero dibuja tres formas triangulares sin la base y ligeramente solapadas.

2. Traza una línea ondulada cerca de la cima de cada montaña.

3. Añade una línea curva en la base de las montañas.

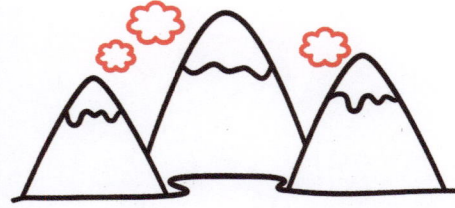

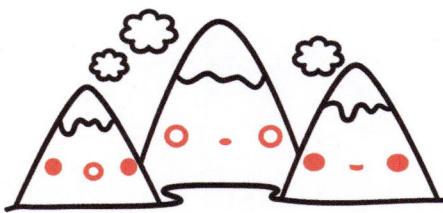

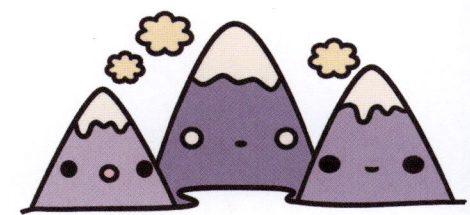

4. Dibuja varias nubes esponjosas por encima de las montañas.

5. Ponle una carita a cada montaña. Prueba a hacerles diferentes expresiones faciales.

6. Colorea las montañas.

68. Estrella fugaz

1. Primero dibuja una estrella con las puntas redondeadas.

2. Para hacer la cola, traza tres líneas curvas y largas a un lado de la estrella.

3. Añade varias líneas rectas cortas alrededor de la estrella.

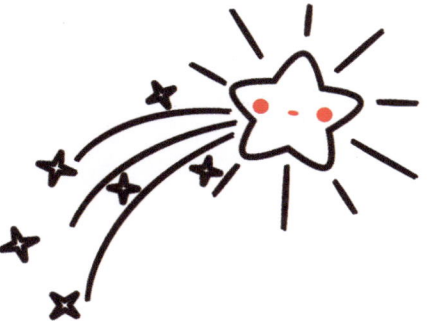

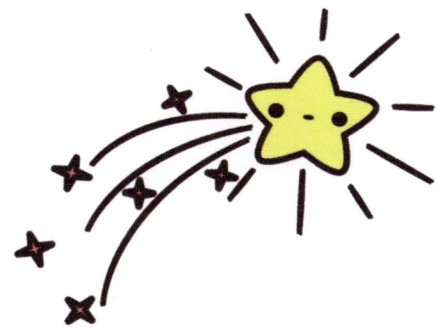

4. Dibuja pequeños destellos alrededor de la cola.

5. Hazle un simpática carita.

6. Colorea la estrella fugaz.

69. Arcoíris y nubes

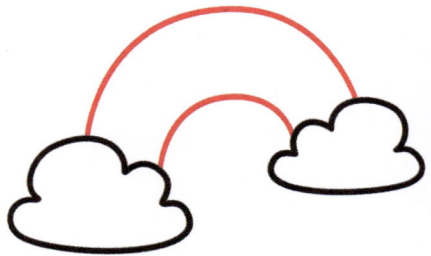

1. Primero dibuja la forma de una nube.

2. Al lado, añade otra nube ligeramente más pequeña.

3. Traza dos líneas curvas entre las dos nubes para crear el arco.

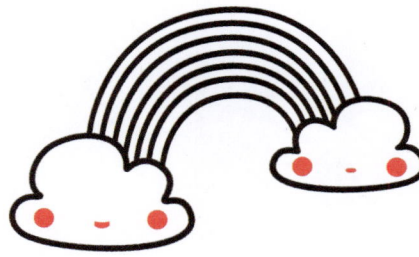

4. Agrega otras cinco líneas curvas dentro del arco.

5. Dibuja una carita adorable en cada nube.

6. Pinta el arcoíris de color rojo, naranja, amarillo, verde, azul y morado. Colorea las nubes en un tono rosa claro.

70. Luna y estrellas

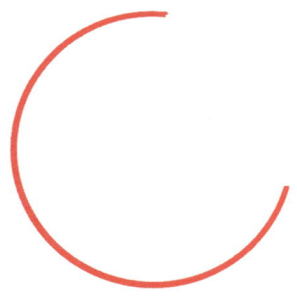

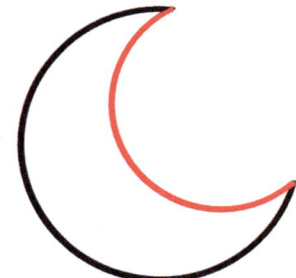

1. Primero traza dos terceras partes de un círculo.

2. Añade medio círculo dentro del primero para formar una medialuna.

3. Dibuja tres estrellitas al lado de la luna.

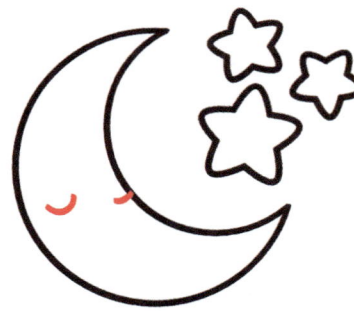

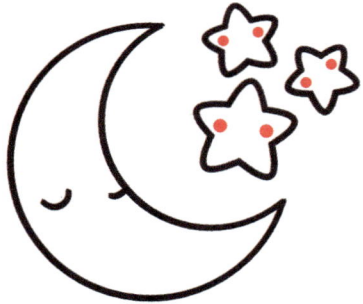

4. A la luna, hazle un ojo cerrado y una boquita.

5. Agrega dos ojitos en cada estrella.

6. Colorea la luna y las estrellas. Pinta lunares algo más oscuros en la luna para crear la textura de su superficie.

ANIMALES

71. Zorro

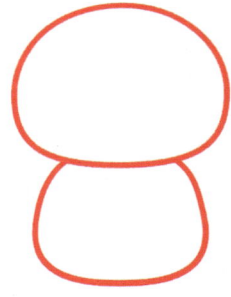

1. Primero traza la forma redondeada de la cabeza y, debajo, el pequeño cuerpo.

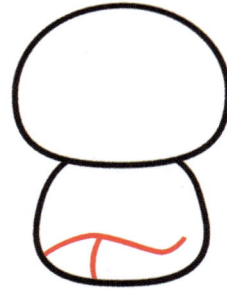

2. Haz la cola con una línea curva y, después, añade otra línea cerca de la punta.

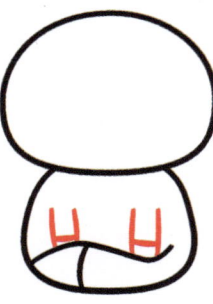

3. Agrega las dos patitas delanteras en el centro del cuerpo.

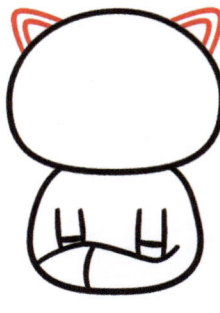

4. Encima de la cabeza, dibuja las dos orejas triangulares.

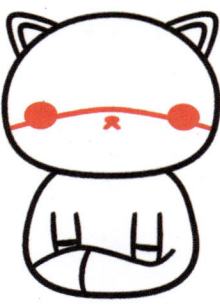

5. Traza una línea curva en el centro de la cabeza. Después, añade los ojos y la nariz.

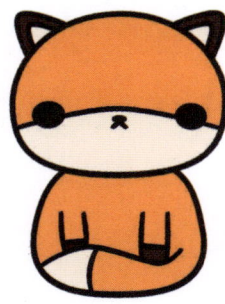

6. Pinta el zorro. Deja en blanco parte de la cara y la punta de la cola y usa marrón oscuro en las patas y en las orejas.

72. Ardilla

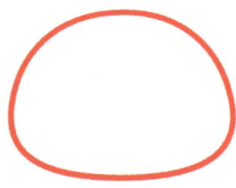

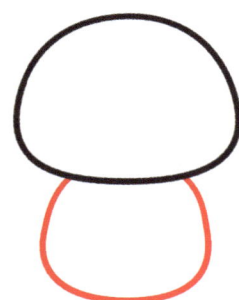

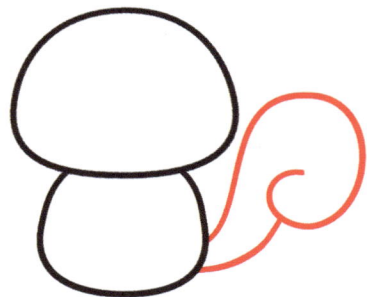

1. Primero traza la forma redondeada de la cabeza.

2. Debajo, añade el pequeño cuerpo.

3. Dibújale una cola voluminosa con la punta curva.

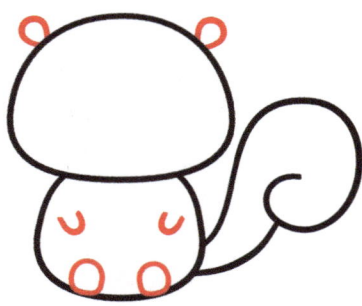

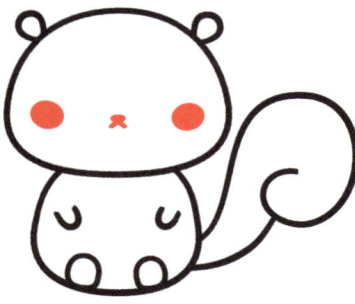

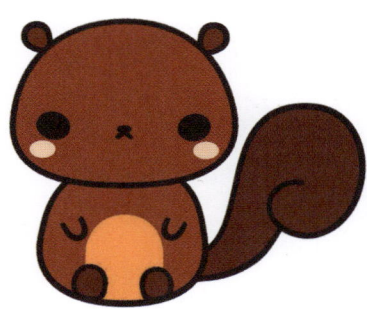

4. Agrega las orejas y las cuatro patitas.

5. Hazle una carita adorable.

6. Colorea la ardilla. Pinta la barriga en un tono más claro y elige un rosa pálido para las mejillas.

73. Mapache

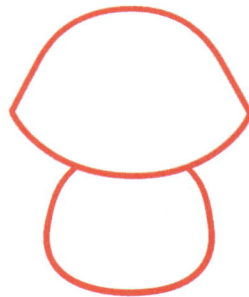

1. Primero dibuja la forma del cuerpo y, después, añade la cabeza, más grande y con los lados ligeramente puntiagudos.

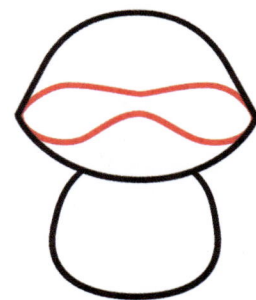

2. Esboza una mancha con forma de antifaz en el centro de la cabeza.

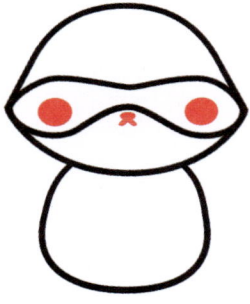

3. Hazle dos grandes ojos y luego una boca y una nariz pequeñitas.

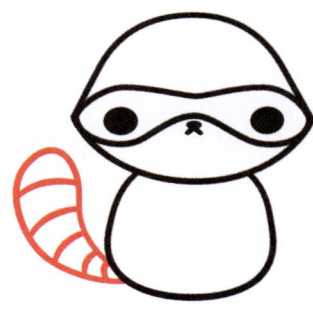

4. Dibuja la cola con varias líneas curvas en el interior.

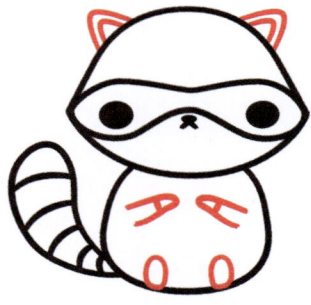

5. Ponle las orejas y las cuatro patitas.

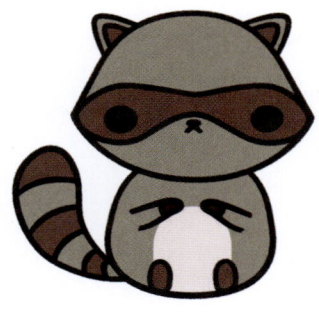

6. Pinta el mapache. Utiliza un color oscuro para el antifaz y las rayas de la cola, y un tono más claro para la barriga.

74. Oso

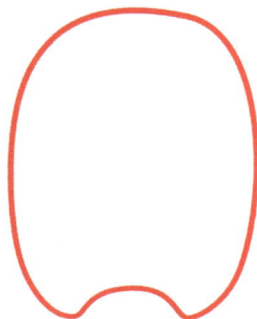

1. Primero dibuja la forma del cuerpo.

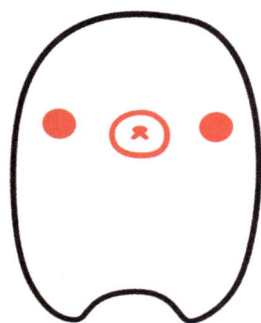

2. Agrega los dos ojos y el hocico con una nariz pequeña.

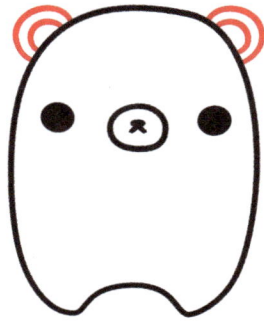

3. Encima de la cabeza, haz las dos orejas redondeadas.

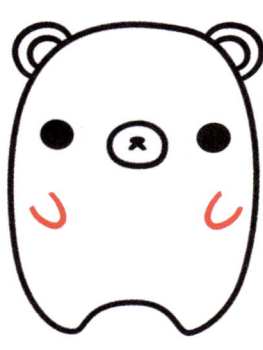

4. Dibújale las dos patitas delanteras.

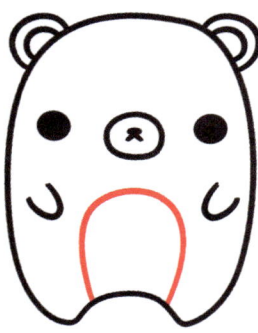

5. Traza la forma de la barriga en la parte delantera.

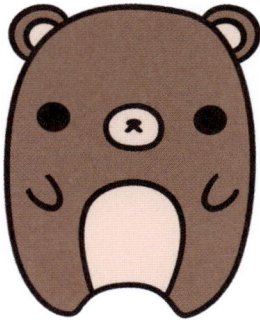

6. Pinta el oso de color marrón. Usa un tono más claro en la barriga, en el hocico y en las orejas.

75. Llama

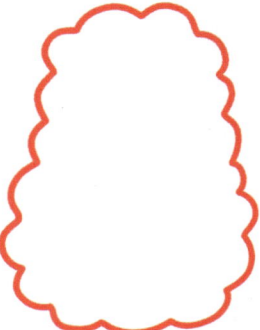

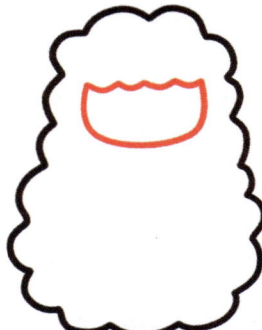

1. Primero dibuja el cuerpo con una forma alargada parecida a una nube en posición vertical.

2. Añade la cara con la parte inferior redondeada y la superior festoneada.

3. Dibuja los dos ojos redondos y la naricita.

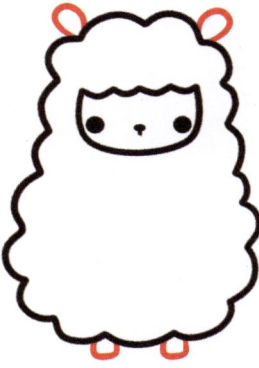

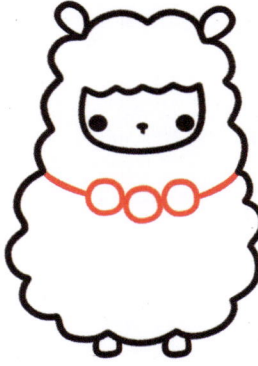

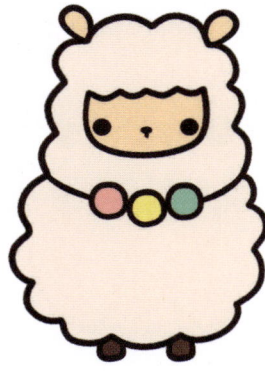

4. Haz las dos orejas encima de la cabeza y las dos patitas traseras debajo del cuerpo.

5. Agrégale un bonito collar con pompones.

6. Colorea la llama.

76. Panda rojo

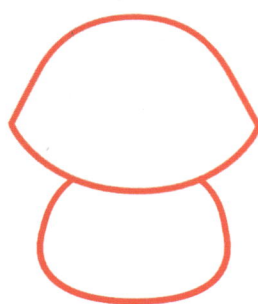

1. Primero dibuja la forma del cuerpo y, después, añade la cabeza, más grande y con los lados ligeramente puntiagudos.

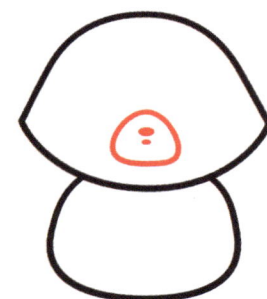

2. Agrega el hocico con una boca pequeñita y la nariz en su interior.

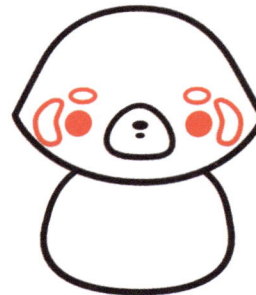

3. Dibuja los ojos, las cejas y las manchas de las mejillas.

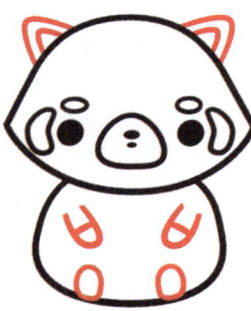

4. Haz las orejas y las cuatro patitas.

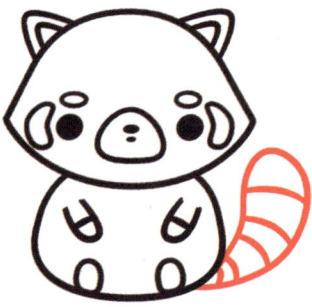

5. Añade la cola con varias líneas curvas en el interior.

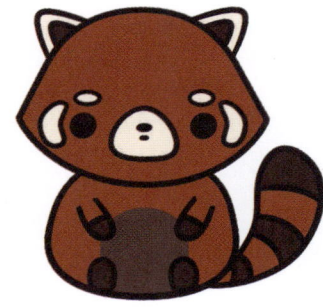

6. Pinta el panda rojo. Usa un color más oscuro en la barriga, en el interior de las orejas, en las patas y en las franjas de la cola.

77. Oso panda

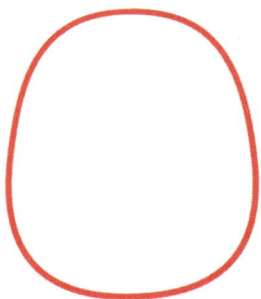

1. Primero dibuja el cuerpo rollizo con una forma parecida a un huevo.

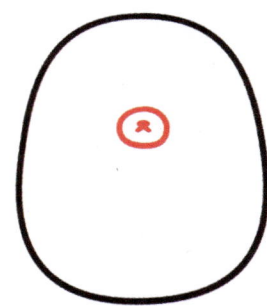

2. Añade el hocico con una boca pequeñita y la nariz en su interior.

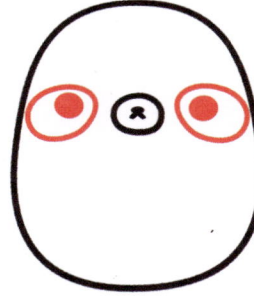

3. Dibuja los dos ojos con un óvalo alrededor de cada uno.

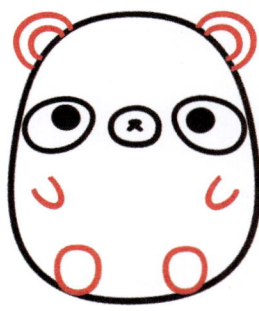

4. Haz las orejas y las cuatro patitas.

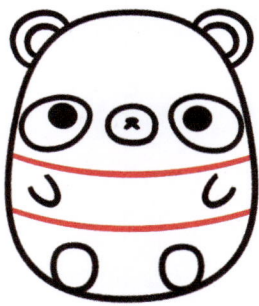

5. Traza dos líneas curvas en medio del cuerpo.

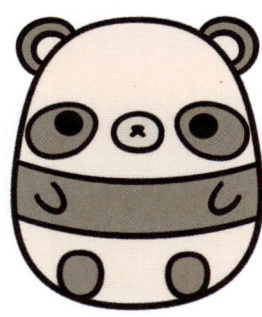

6. Pinta el oso panda. Usa un color más oscuro en las orejas, en los ojos, en las patas y en la franja del cuerpo.

78. Perezoso

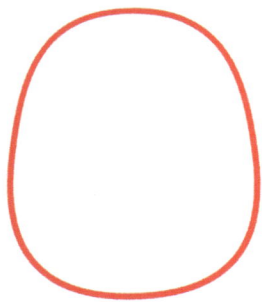

1. Primero dibuja el cuerpo rollizo con una forma parecida a un huevo.

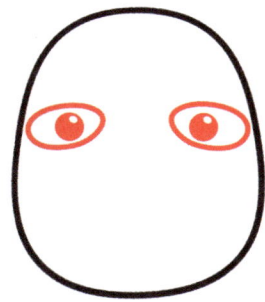

2. Añade los dos ojos con un óvalo alrededor de cada uno.

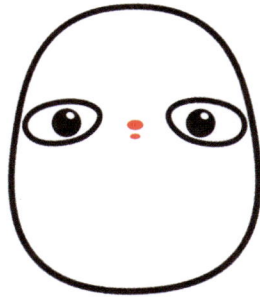

3. Haz la boquita y la nariz entre los ojos.

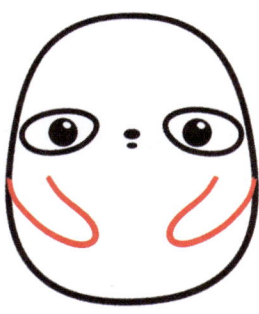

4. Traza las dos largas patas delanteras.

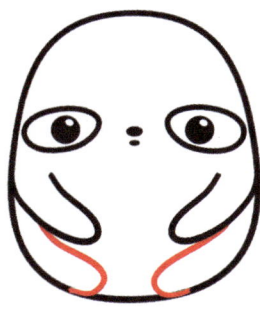

5. Debajo de las patas delanteras, dibuja las traseras.

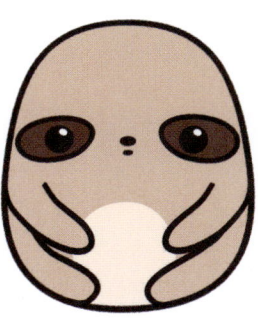

6. Pinta el perezoso. Usa un color más oscuro en las manchas que rodean los ojos, y un tono más claro en la barriga.

79. Jirafa

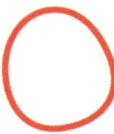

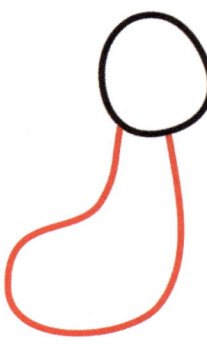

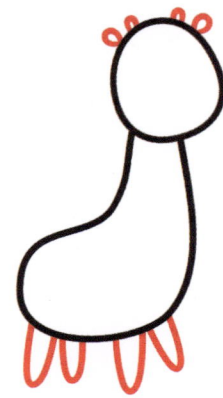

1. Traza la pequeña forma ovoide de la cabeza.

2. Dibuja el cuerpo con un cuello largo.

3. Añade las cuatro patas y, encima de la cabeza, las orejitas y los pequeños cuernos.

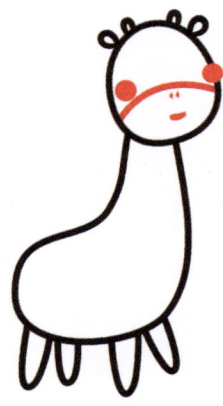

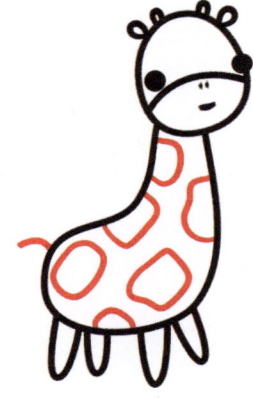

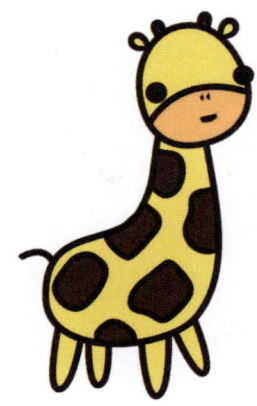

4. Traza la línea curva del hocico. Después, dibuja los ojos, los orificios nasales y la boca.

5. Agrega la diminuta cola y las grandes manchas del pelaje.

6. Colorea la jirafa. Pinta el cuerpo de color amarillo; para las manchas, usa un tono marrón oscuro.

80. León

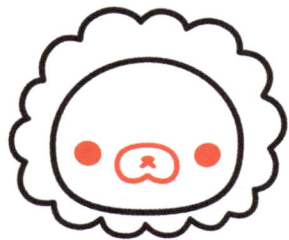

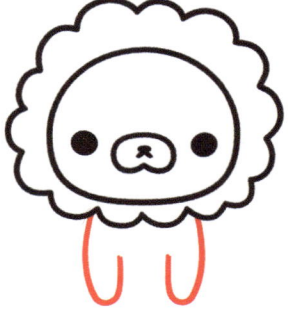

1. Primero traza la forma redondeada de la cabeza y, a su alrededor, la enorme melena ondulada.

2. Agrega el hocico, la nariz, la boca y los ojos.

3. Debajo de la melena, dibuja las dos pequeñas patas delanteras.

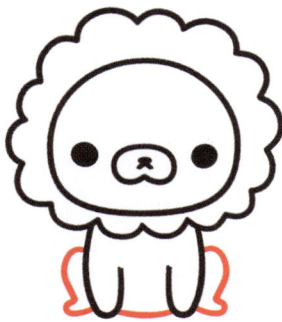

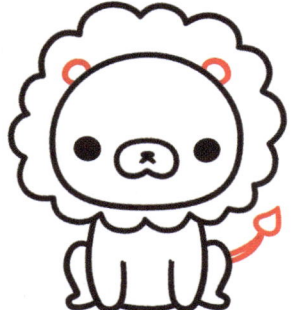

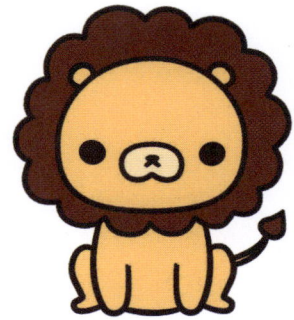

4. Añade las patas traseras y la línea curva que completa el cuerpo.

5. Ponle las dos orejas y una cola con la punta peluda.

6. Pinta el león. Utiliza un color más oscuro en la melena y en la punta de la cola.

81. Koala

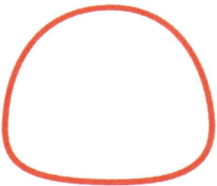

1. Primero traza la forma redondeada de la cabeza.

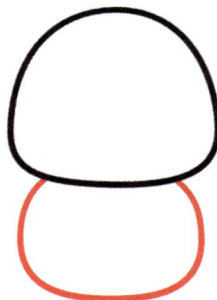

2. Debajo, añade el cuerpo rollizo.

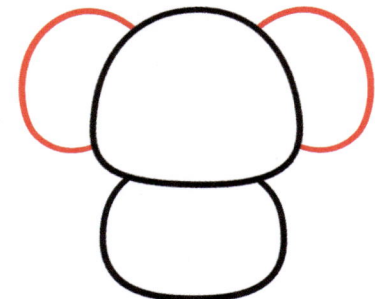

3. Dibuja una gran oreja a cada lado de la cabeza.

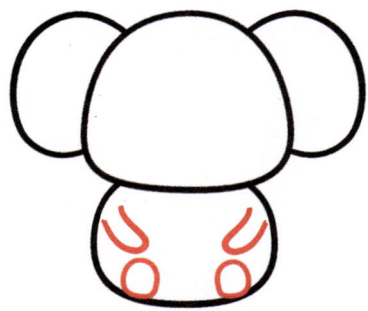

4. Hazle las dos patas delanteras largas y las dos patas traseras redondas.

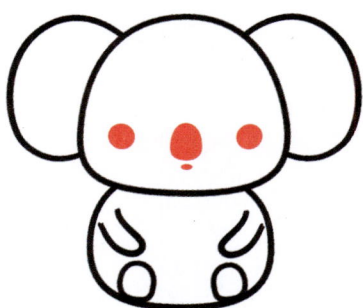

5. Añade los dos ojos, la gran nariz y la boquita.

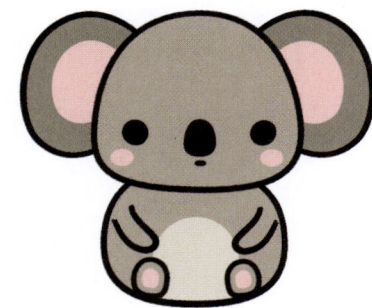

6. Pinta el koala de color gris. Usa un tono más claro para la barriga y haz los detalles en rosa.

82. Oveja

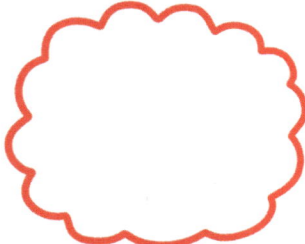

1. Primero dibuja el cuerpo con una forma parecida a una nube.

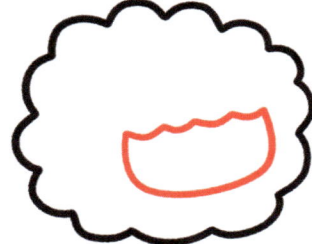

2. Añade la cara con la parte inferior redondeada y la superior festoneada.

3. Hazle los dos ojos y la naricita.

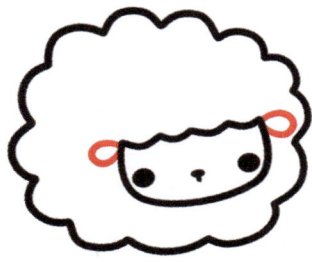

4. Dibuja las orejas en las esquinas superiores de la cara.

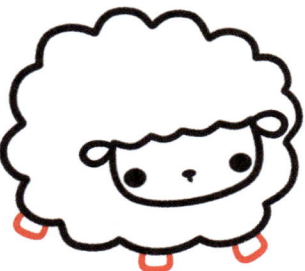

5. Agrega las pezuñas debajo del cuerpo.

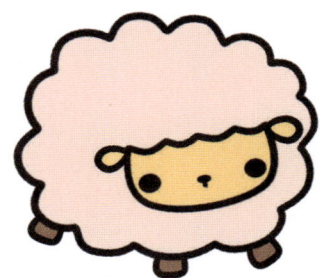

6. Colorea la oveja.

83. Vaca

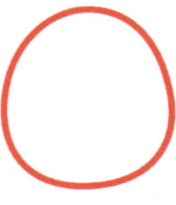

1. Primero dibuja la gran cabeza con una forma parecida a un huevo.

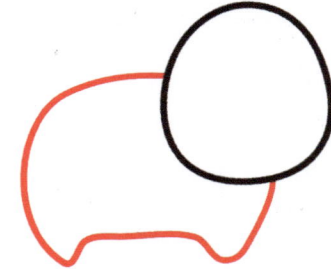

2. Agrega la forma del cuerpo, rollizo y con las patas cortas.

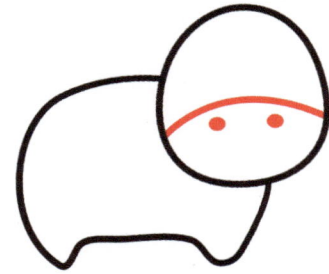

3. Traza la línea curva del hocico y añade los dos orificios nasales.

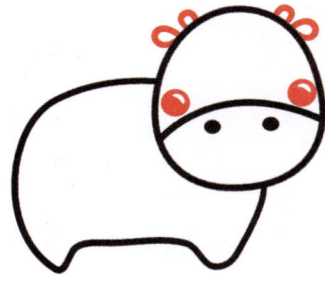

4. Haz los ojos, los cuernos y las orejas.

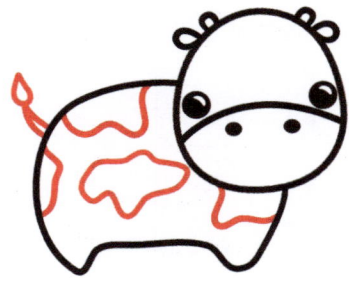

5. Dibújale las manchas y una cola pequeña.

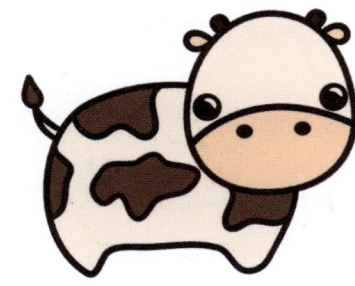

6. Colorea la vaca. Usa un tono más oscuro en las manchas, en los cuernos y en la punta de la cola.

84. Conejo

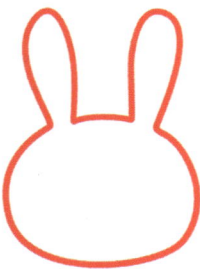

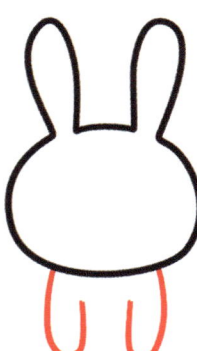

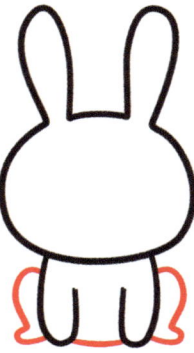

1. Primero traza la forma de la cabeza redonda con dos largas orejas.

2. Debajo de la cabeza, dibuja las dos patas delanteras largas.

3. Añade las dos patas traseras. Después, traza una línea curva en la parte inferior para completar el cuerpo.

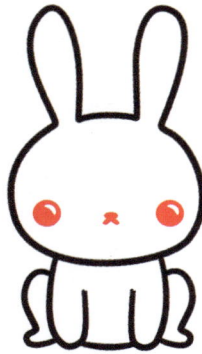

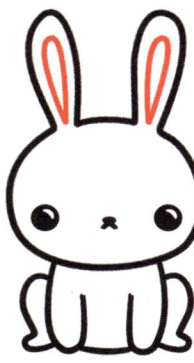

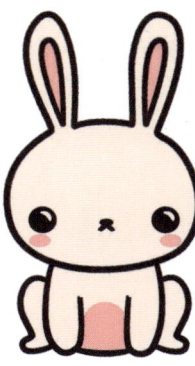

4. Hazle dos grandes ojos y la naricita.

5. Dentro de las orejas, dibuja la forma de dos orejas más pequeñas.

6. Colorea el conejito. Pinta la barriga y las mejillas de color rosa.

85. Pájaro

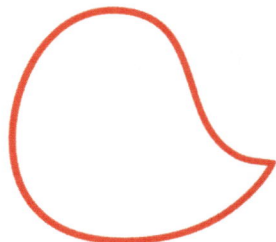

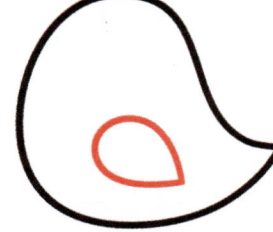

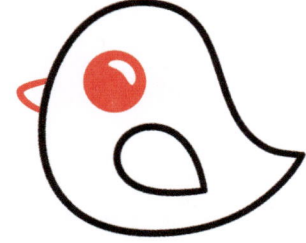

1. Primero dibuja la forma del cuerpo, rollizo y terminado en punta por el lado derecho.

2. Agrega la forma de una alita, también acabada en punta.

3. Haz un ojo grande y un pico diminuto.

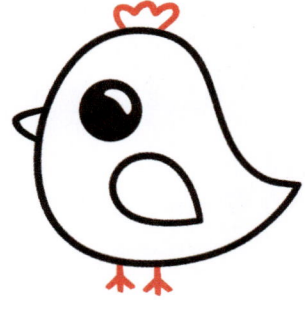

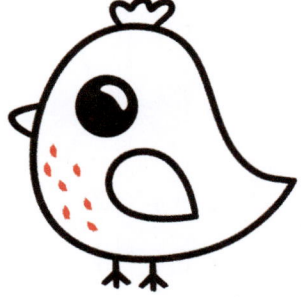

4. Traza las dos patitas y, encima de la cabeza, haz una forma parecida a una corona.

5. En la barriga, añade varias líneas pequeñas para crear el plumaje.

6. Colorea el pájaro del color que prefieras.

86. Erizo

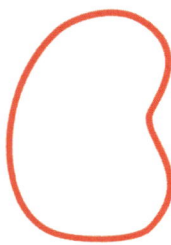

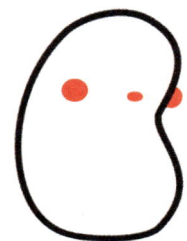

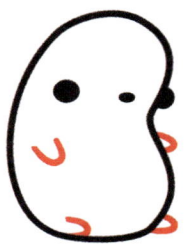

1. Primero traza un pequeño cuerpo con forma de alubia.

2. Añade los ojos y la nariz.

3. Dibuja cuatro patitas diminutas.

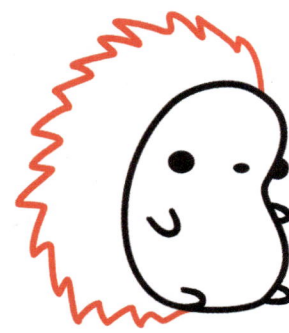

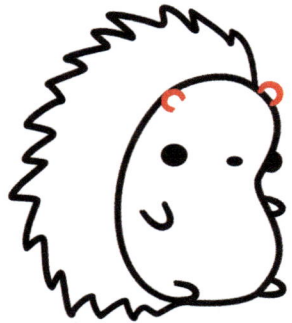

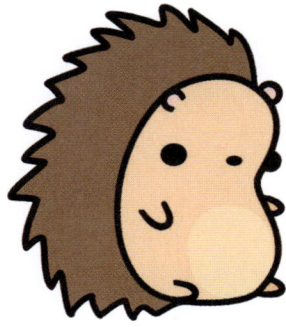

4. Agrega las púas a lo largo de la espalda.

5. Encima de la cabeza, hazle dos orejitas.

6. Pinta el erizo de color marrón. Utiliza un tono más claro en la barriga.

87. Cobaya

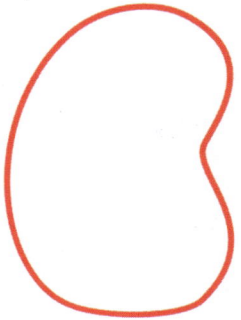

1. Primero traza un cuerpo con forma de alubia.

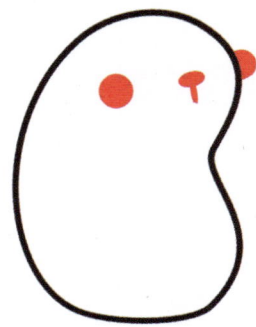

2. Añade los dos ojos ojos y la nariz.

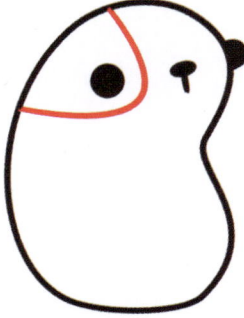

3. Dibuja la mancha que rodea el ojo con una línea curva.

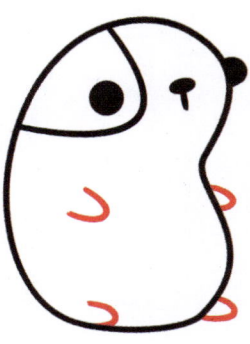

4. Hazle las cuatro patitas.

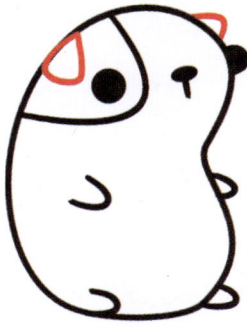

5. Encima de la cabeza, agrega las dos orejas triangulares.

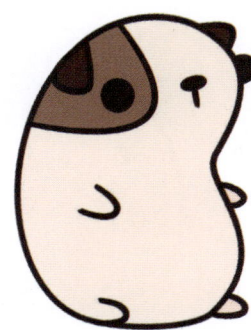

6. Colorea la cobaya. Usa tonos más oscuros en la mancha del ojo y en las orejas.

88. Perro

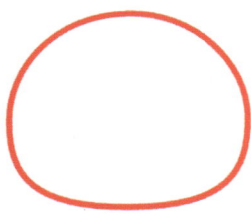

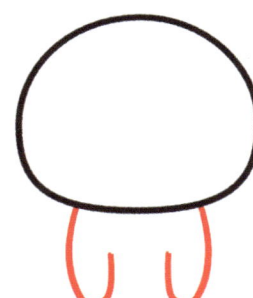

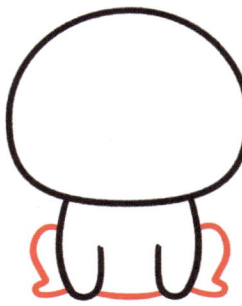

1. Primero traza la forma grande y redonda de la cabeza.

2. Debajo de la cabeza, dibuja las dos patas delanteras.

3. Añade las patas traseras y luego la línea curva que completa el cuerpo.

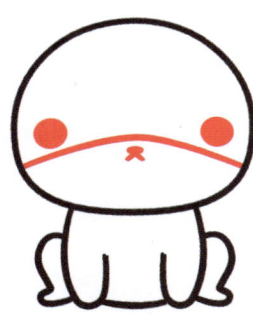

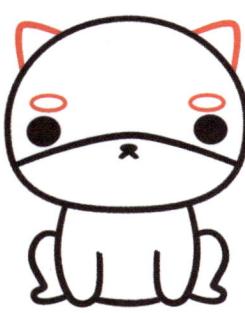

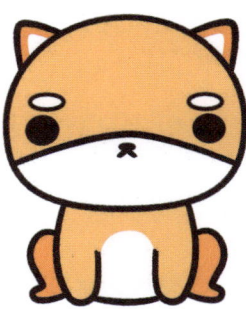

4. Traza una línea curva en el centro de la cabeza. Después, añade los ojos y la nariz.

5. Agrega las orejas triangulares y las cejas ovaladas.

6. Colorea el perro en los tonos de la raza Shiba Inu. Deja en blanco las cejas, el interior de las orejas y la barriga.

89. Gato

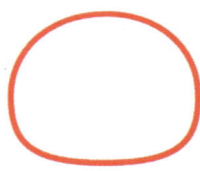

1. Primero traza la cabeza con un círculo ligeramente aplanado.

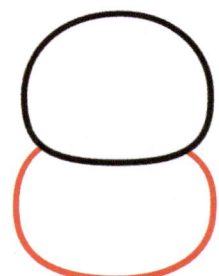

2. Debajo, añade la forma grande y rolliza del cuerpo.

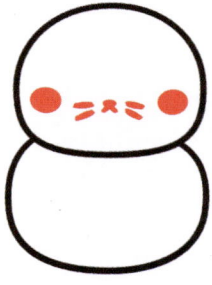

3. Añádele los ojos, la nariz y los bigotes.

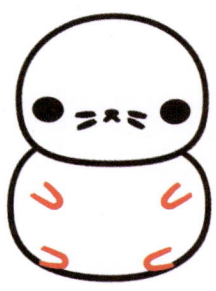

4. Dibuja las cuatro patitas dentro de la forma del cuerpo.

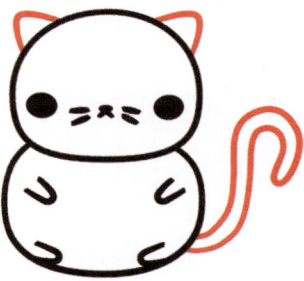

5. Hazle una cola larga y las orejas triangulares.

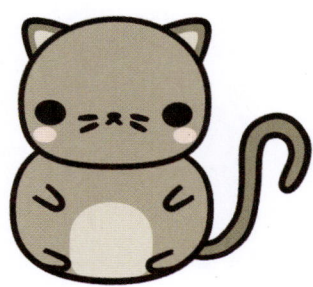

6. Pinta el gato. Utiliza un color más claro en el interior de las orejas y en la barriga.

90. Pulpo Dumbo

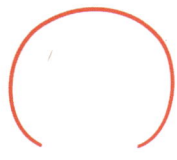 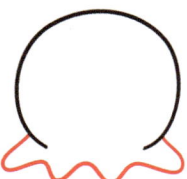  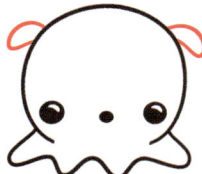 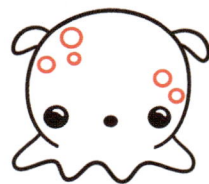 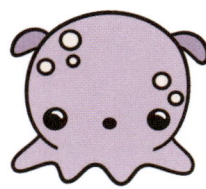

1. Primero dibuja un círculo abierto por la parte inferior.

2. Haz los tentáculos debajo del círculo con una línea ondulada.

3. En la parte inferior del cuerpo, agrega los grandes ojos y la boquita.

4. En la parte superior, hazle las dos orejas caídas.

5. Dibuja algunas manchas pequeñas en la cabeza.

6. Pinta el pulpo Dumbo.

91. Ballena

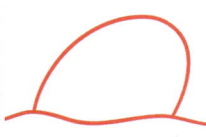 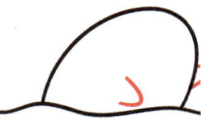 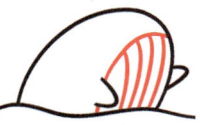 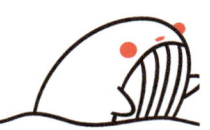 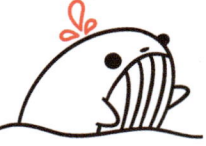 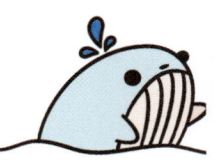

1. Primero traza una línea ondulada y luego añade el cuerpo encima con una gran línea curva.

2. Añade las dos aletas.

3. Haz la barriga con otra línea curva y luego agrega las franjas.

4. En la cabeza, dibuja los dos ojos y la boquita.

5. Dibuja el agua que sale del espiráculo, situado en la parte superior de la cabeza.

6. Colorea la ballena.

SERES MITOLÓGICOS

92. Sirena

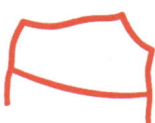

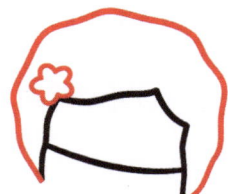

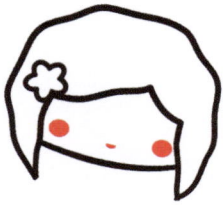

1. Primero traza la línea ligeramente curva de la barbilla. Después, añade la línea del pelo que enmarca la cara.

2. Dibuja el resto del pelo con una línea ondulada. Agrega la florecita.

3. En la cara, dibuja los ojos y la boquita.

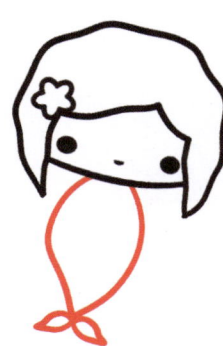

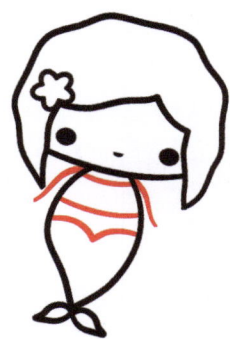

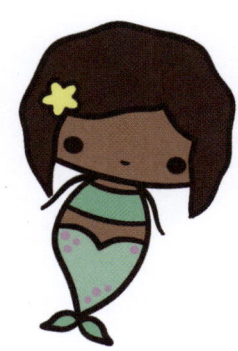

4. Traza el cuerpo de la sirena, incluidas las dos aletas de la punta de la cola.

5. Añade los dos brazos, la cintura y dos líneas curvas para formar el top.

6. Pinta la sirena. Añade los detalles de la cola en otro color.

93. Hada

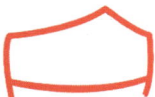
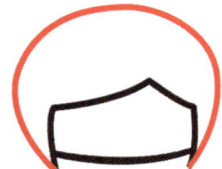

1. Primero traza la línea ligeramente curva de la barbilla y, después, añade la línea del pelo que enmarca la cara.

2. Crea la parte restante de la cabeza y del pelo con una gran línea curva.

3. Agrega los ojos y la boca. Luego, haz los dos pequeños círculos que adornan el pelo.

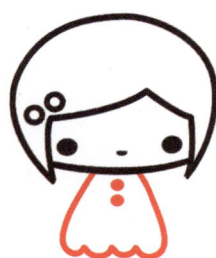

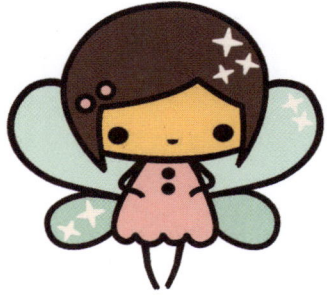

4. Dibuja el vestido, incluidos los dos botoncitos de la parte superior.

5. Añádele los pequeños brazos y piernas y también las grandes alas.

6. Colorea el hada. Haz destellos blancos en las alas y en el pelo.

94. Extraterrestre

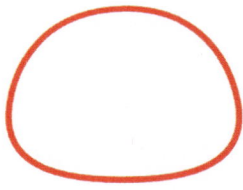

1. Primero traza la gran forma redondeada de la cabeza.

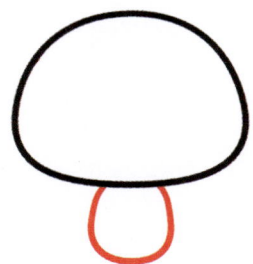

2. Debajo, añade el cuerpo con un pequeño óvalo.

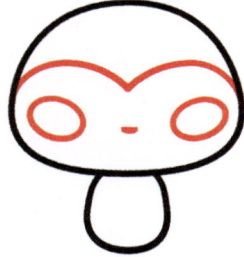

3. Dibuja la cara con los grandes ojos ovalados y la boquita.

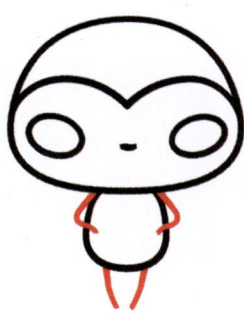

4. Añade los dos brazos y las dos piernas.

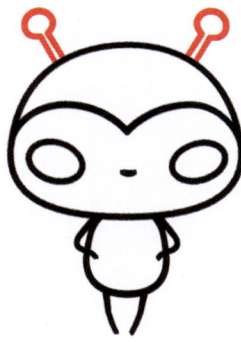

5. Encima de la cabeza, agrega las dos antenas.

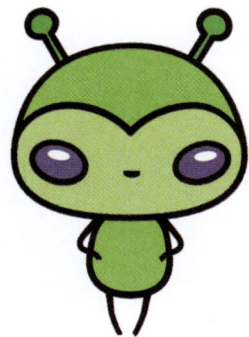

6. Colorea el extraterrestre. Añade óvalos blancos en los ojos para que parezcan más relucientes.

95. Yeti

1. Primero traza el cuerpo ovalado con dos picos que sobresalgan en la parte superior.

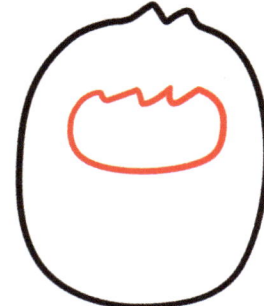

2. Añade la cara con la parte inferior redondeada y la superior de trazo irregular.

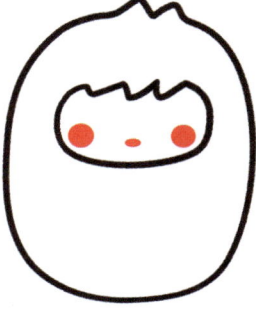

3. En la cara, dibuja los grandes ojos y la boquita.

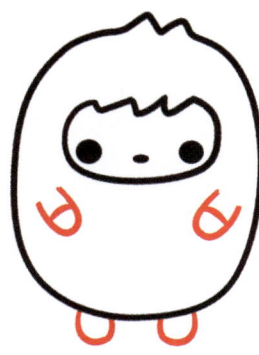

4. Hazle los dos brazos y las dos piernas.

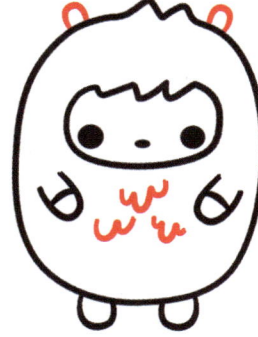

5. Dibújale dos cuernos encima de la cabeza y más pelaje en el cuerpo.

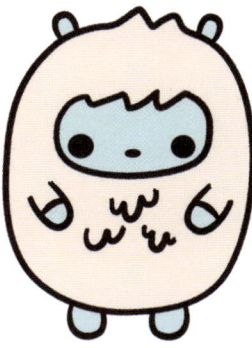

6. Colorea el yeti.

96. Dragón

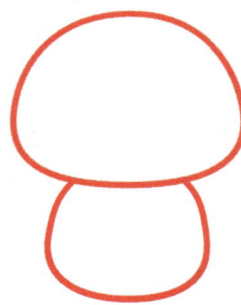

1. Primero traza la cabeza y luego haz el cuerpo con una forma redondeada más pequeña.

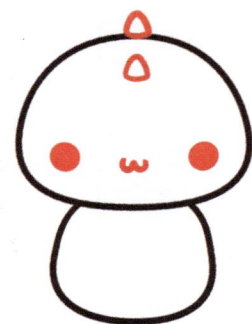

2. En la cabeza, dibuja los ojos, la boca y las dos púas.

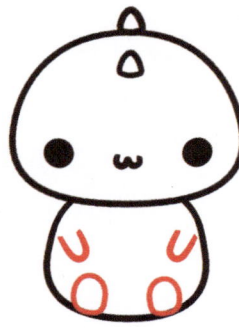

3. Añade las cuatro patas dentro de la forma del cuerpo.

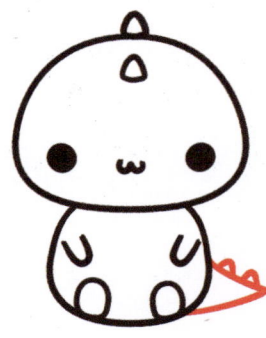

4. Dibuja la cola terminada en punta y con dos púas más.

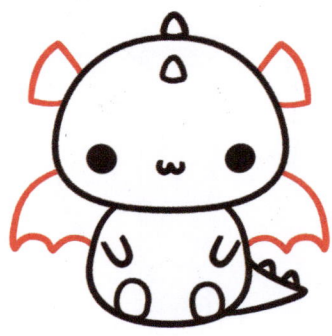

5. Hazle las alas y las orejas con forma de aleta.

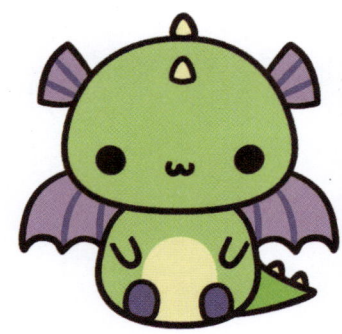

6. Pinta el dragón. Usa un color más claro en la barriga y haz más oscuras las líneas de las alas y de las orejas.

97. Grifo

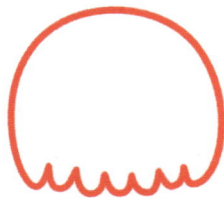

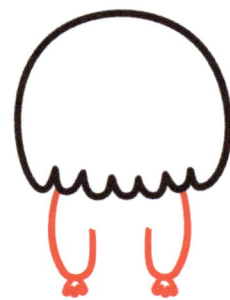

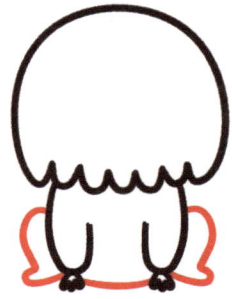

1. Primero traza la cabeza con una forma redonda que tenga la parte inferior festoneada.

2. Dibuja las patas delanteras con pequeñas garras en el extremo.

3. Añade las patas traseras y haz una línea curva en la base de las patas delanteras para completar el cuerpo.

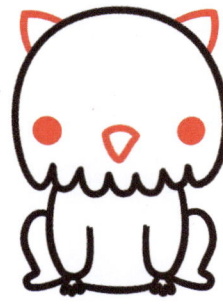

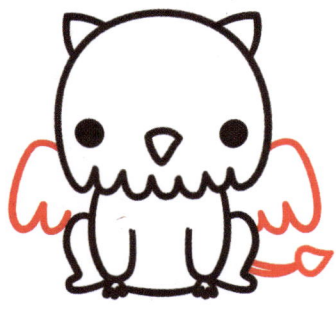

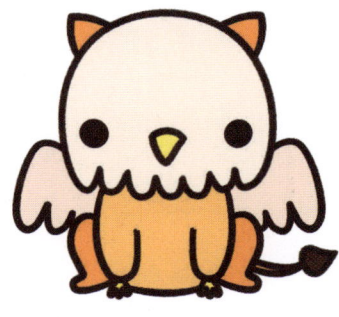

4. Agrega los ojos, el pico y las orejas triangulares.

5. Dibuja las dos alas y una cola con la punta peluda.

6. Colorea el grifo.

98. Pegaso

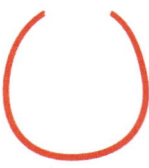 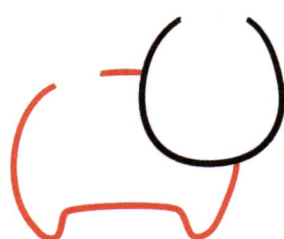 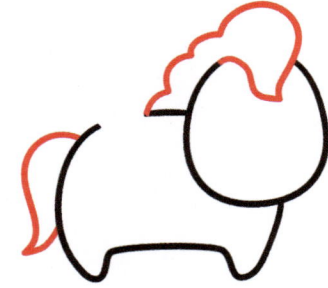

1. Primero dibuja la cabeza ovalada, dejando la parte superior abierta para añadir la crin más tarde.

2. Traza la forma rolliza del cuerpo, incluidas las patas, dejando también un espacio abierto en la parte superior para las alas.

3. Añade la voluminosa crin encima de la cabeza y la cola en la parte trasera del cuerpo.

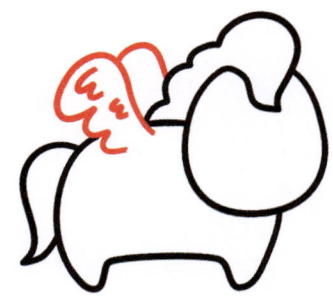 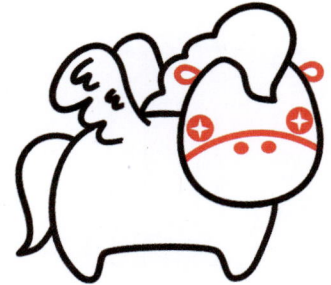 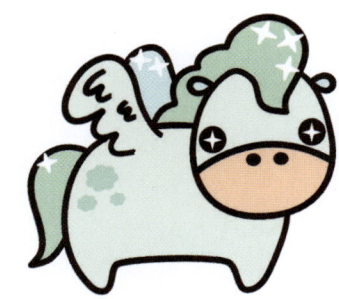

4. Dibuja el ala derecha y agrégale los detalles. Haz el ala izquierda con una línea curva.

5. Termina de hacer la cara añadiendo el hocico, los relucientes ojos y las orejitas.

6. Colorea el pegaso. Añade destellos blancos en las alas, la crin y la cola.

99. Centauro

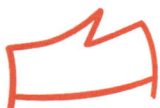

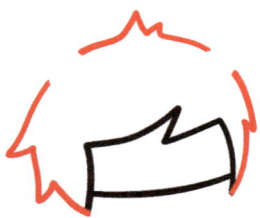

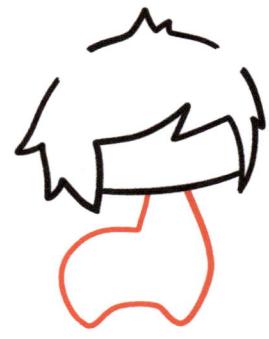

1. Primero traza la línea ligeramente curva de la barbilla y, después, añade la línea del pelo que enmarca la cara.

2. Dibuja el resto del pelo, dejando dos espacios abiertos en la parte superior para añadir las orejas más tarde.

3. Debajo de la cabeza, traza el pequeño cuerpo del centauro.

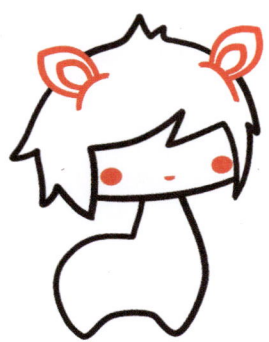

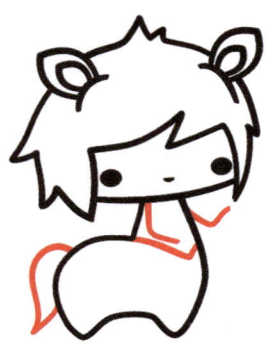

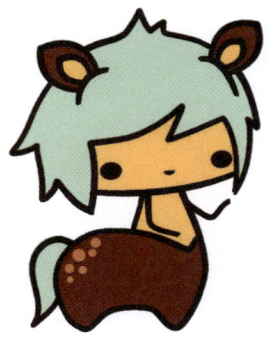

4. Dibuja las dos grandes orejas, los ojos y la boquita.

5. Agrega la cola, los brazos y la línea de la cintura.

6. Colorea el centauro. Pinta las manchas del cuerpo en un tono más claro.

100. Jackalope

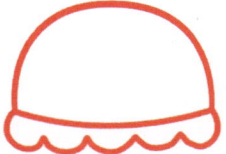

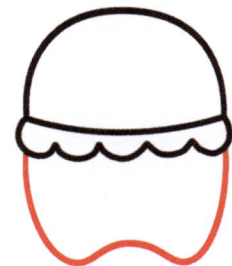

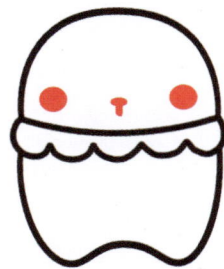

1. Primero traza la cabeza con forma de cúpula y luego añádale un ribete festoneado en la parte inferior.

2. Haz el resto del cuerpo.

3. Dibuja los dos ojos y la naricita.

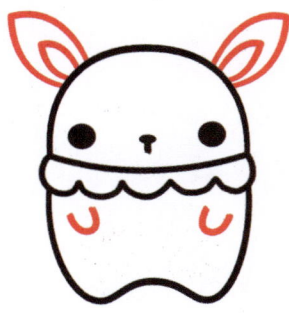

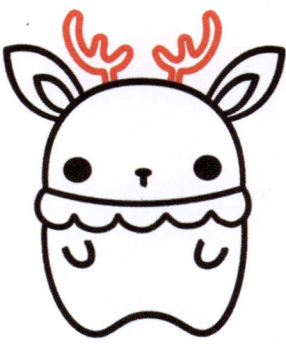

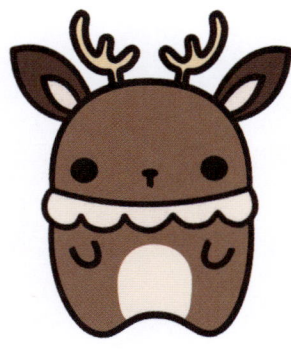

4. Agrega las dos grandes orejas y las dos patitas delanteras.

5. Encima de la cabeza, dibuja las astas.

6. Pinta el jackalope. Elige un tono más claro para colorear la barriga.

101. Unicornio

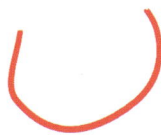

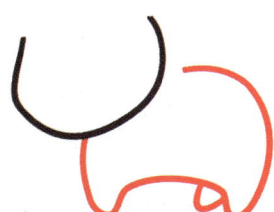

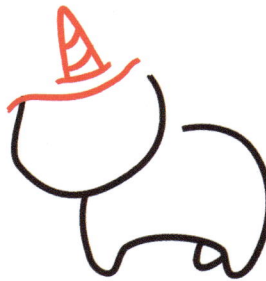

1. Traza la forma de la cabeza, dejando la parte superior abierta para añadir la crin más tarde.

2. Dibuja el cuerpo y las patas dejando otro espacio abierto cerca de la cabeza.

3. Encima de la cabeza, añade el cuerno y dos líneas curvas para empezar a crear la crin.

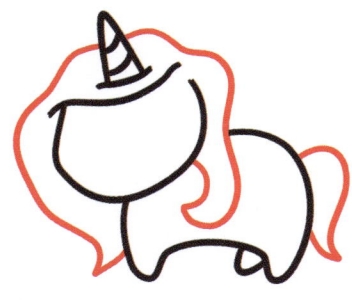

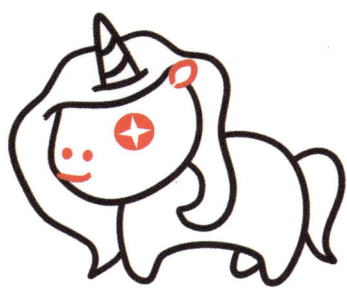

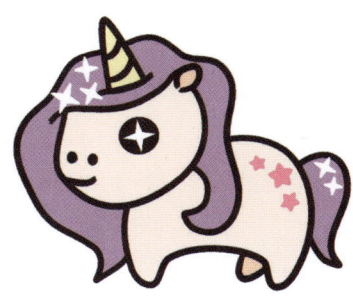

4. Haz el resto de la crin y, después, agrega la cola en la parte trasera del cuerpo.

5. Dibuja la oreja visible del unicornio, el ojo, los ollares y la boca.

6. Colorea el unicornio. Añade estrellas en el cuerpo y destellos en la crin y la cola.

Acerca de la autora

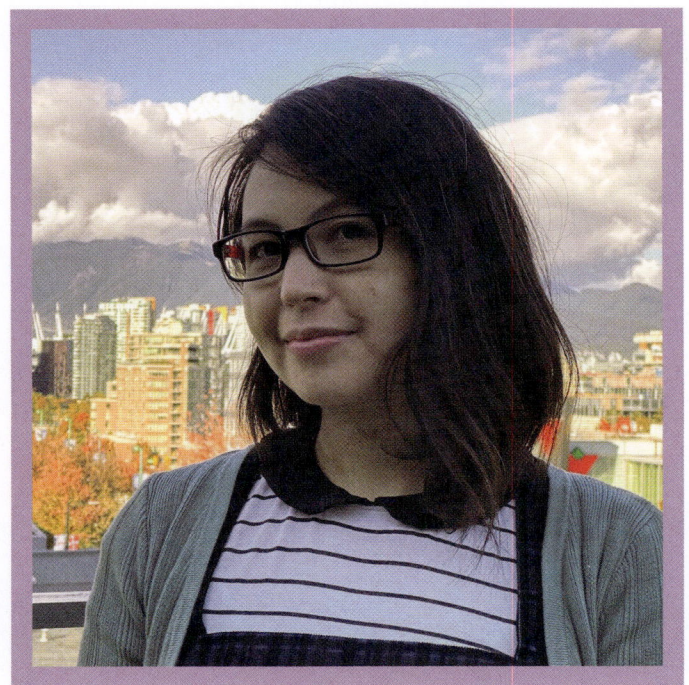

Lauren Bergstrom nació y se crio en Sudáfrica y, desde que tiene memoria, se dedica a hacer dibujitos de lo más monos. Cuando no dibuja o pinta, pasa el rato diseñando patrones de ganchillo para animales de peluche en mohumohu.com o creando videojuegos con su pareja en Studio Any Percent. Vive en Canadá con su familia, en una casita repleta de cosas suaves y adorables.